JN125012

新・舞台照明講座

光についての理解と考察

岩城 保
Iwaki Tamotsu

レクラム社

はじめに

　舞台照明について解説した書籍は、これまでもいくつか発刊されています。その多くは、舞台照明が一つの"職業"であることを前提にし、その職務を遂行するためにはどのような知識と技術が必要かを解説する、という趣旨で書かれています。しかし、本書はそれとは少し趣を異にします。それについて、初めに説明しておきたいと思います。

　現在の舞台照明は、ほとんどすべて電気による光を使って作られています。エジソンによって「電球」が実用化されたのが19世紀の末で、そこを起点として現在に至るまで、電気による舞台照明が急速に発展してきたわけです。そしてそのどの段階でも、舞台照明は専門的な知識と高度な技術が必要とされるという意味で「専門的職業」であり続けてきました。ですから、舞台照明についての書物の多くが"職業"であることを前提とした内容になるのは当然だと言えます。

　しかし、現在実際に普及している舞台照明の機材やシステムはとても多種多様です。それらの中には必ずしも職業照明家でなくても扱えるような簡易なものも数多く含まれていることに気づきます。かつては舞台照明設備と言えば基本的に"劇場"に付随したものを意味していました。しかし、現在では機材や設備の小型化・軽量化が進み、どこでも好きな場所へ簡単に持ち運び、そこで一時的に仮設するといったことができるようになっています。また、通信販売のシステムが急速に発達する過程で、照明関連製品もその販路を大幅に広げました。現在では劇場従事者や専門家に限らず、広く一般の人が照明関連製品を簡単に購入することができるようになっています。

　かつての舞台照明は、劇場の中に固定的に備えられた設備を、専門的な知識と高度な技術を習得した照明家だけが、専有的に取り扱う性質のものでした。それが現在では、小型化・軽量化された安全で扱いやすい照明の機材やシステムを、誰でも所持することができて、劇場に限らず、たとえば生活空間のような場所で舞台照明の効果を作り出すことができる時代となっているのです。

　その意味で、現在の舞台照明は、昔と比べると必ずしも職業的ではないものに変質してきていると言えます。今では照明を職業としていない人が照明機材を個人的に所持するようなケースも増えています。そうした専門家でない人たちの手によって、学校の教室や体育館、あるいは公民館や民家、店舗といった"非劇場

空間”に簡易な照明機材を仮設で設置し、自分たちなりの舞台照明効果を作るといったことが行われるようになっています。舞台照明に興味や関心を持ち、職業としてではなく“趣味”として、照明の機材やシステムについて学び、実践を続けている「アマチュア照明家」や「学生照明家」といった人たちも、現在ではたくさんいます。

　加えて、現在は各種の技術情報が誰でも見られるような形でインターネット上に公開されています。ですから、時間と手間をかければかなり高度な知識を誰でも学べるような状況になっているということが言えます。今や、舞台照明は、それを職業とする専門家だけのものではなく、一般の人に広く開かれた文化的な活動というべきものに発展していると言えるでしょう。

　ただ、これは筆者の個人的な印象になりますが、そうして一般の人が入手できるようになった照明関係の情報の内容が、機材や設備などの「ハードウェア」に関することに寄ってしまっているように思われるのです。全体として情報にそのような偏り（筆者から見れば）があるため、まるで

舞台照明ができる人
　　＝ 舞台照明の機材や設備（ハードウェア）を扱える専門技術者

というような捉え方をする人が、今は多くなってしまっているのではないかと、筆者には思えます。

　しかし、たとえば写真撮影のスキルを身につけるのであれば、カメラ（＝機材）の扱い方に関すること以外に、光学の知識やフレームの構図といったことの知見が必要となります。同様に、舞台照明を作る際も、機材や設備といった「ハードウェア」の知識に加えて、それをどのように使用して、観客に対してどのような効果を感じさせるかという「ソフトウェア」の知見が必要になると思います。そういったソフトウェアに関する考察や論考が、ハードウェアに関するそれと比べて、バランス的に少ないという現状があるのではないかと思うのです。

　また、そのような舞台照明のソフトウェア面についての考察というのは、照明以外の人たち、たとえば演出家や俳優、ダンサーといった人たちにも関心を持たれる領域だと思われます。舞台に関わる人であれば誰であれ、照明というものがどのような仕組みでできていて、それが自分たちの作品にどのように効果をもたらすのかということについて興味を持つのは自然なことだと思います。かつては、舞台照明の知識や技術は専門家どうしの間だけで専有され、基本的に秘匿（仮に意図は無かったとしても結果的に）されていました。しかし、現在はインターネットの発達により、どんな情報も流出し、また共有されることを避けられない時代となりました。専門家が技術を秘匿して、その情報の希少性によって価値を保

とうとするような時代は、今や終わろうとしていると言えるでしょう。

　筆者自身は、舞台照明の知識や技術はすべての人の共有財産となっていくべきだと考えています。専門家による専有の時代を終えようとしている舞台照明は"舞台芸術"という大きな文化の一部分を成すものであり、そのための知識や技術は、知りたいと思うすべての人に公開され、共有されていくべきものだと思います。

　本書はそのための一つの試みです。舞台照明を、職業としてではなく興味の対象として捉え、照明を直接扱う機会の無い人にも理解してもらえるように配慮しながら、その概要を総合的に解説することを主眼としました。ですから逆に言えば、職業としての照明家を目指す人にとっては、直接的に役に立つ内容があまり含まれていないということになるかも知れません。

　本書は、照明あるいは光に対して好奇心や興味を持つ人を対象にしています。仕事としてではなく、個人的な関心の対象として、あるいは舞台人の基礎的な素養として、舞台照明の全体を俯瞰的に知りたい人のためのテキストになればと思います。

目 次 *contents*

第1章

舞台照明の成り立ち

1-1　生活空間の照明と舞台照明の違い

　舞台照明についての話の入り口として、私たちが日常暮らしている中にある普通の、いわゆる「生活空間の照明」と、「舞台照明」とではどこが違うか、という点から考えを始めてみたいと思います。生活空間の照明の例としては、住宅やオフィス、学校、店舗などの照明が考えられますが、それらと舞台の照明とでは、いったい何が違うのでしょうか。

　舞台の照明と言えば、きらびやかなコンサート照明や幻想的な舞踊の照明、あるいは迫真の場面を作り出す演劇の照明など、あまりに種類や手法がたくさんあり過ぎて、生活空間の照明とは次元が異なるし、全く異質のものであることは言うまでもない、と、そう思う方も多いかも知れません。たしかに、テレビドラマや映画等でたまに登場する舞台照明の描写は大抵そんな感じですし、一般に舞台照明と聞いて浮かぶイメージは、およそそんな印象だと言えるでしょう。一言で言うとするなら、生活空間の照明は「普通に明るくする」ことが目的で、舞台の照明は「普通ではない効果」を目的とする、といった感じでしょうか。そのような意味で、たとえば「生活空間の照明＝日常的」、「舞台照明＝非日常的」みたいに図式化して書かれると、なんとなくそれで納得してしまいそうになるかも知れません。

　しかし、この分類は必ずしも正しくありません。まず、舞台ではない場所にも非日常的な照明はあり得ます。たとえば洒落たレストランや、宝飾店、ブティック、ギャラリーといった空間は、そこで過ごす時間が日常生活から少し離れた意味を持つことがあります。そういった場所では、照明もまた、普段の日常とは少し違う、特別な雰囲気を演出することが求められる場合もあります。

　逆に、舞台であっても、たとえば演劇の設定として「日常的な場所」が舞台として選ばれることはしばしばあり、そういうシーンのための舞台照明として、日常的な光が求められることも多くあります。ですから、初めに考えたような「生活空間の照明＝日常的」「舞台照明＝非日常的」というような図式は、当てはまらないケースも実際にはかなりあると言えます。

　こうなってくると、「日常・非日常」、「地味・派手」、「普通・特別」といった軸で生活照明と舞台照明を分類しようとすることに、そもそも無理があるように思えてきます。では、生活照明と舞台照明との違いはいったいどこにあるのでしょうか。何か違う軸で、生活照明と舞台

照明を分ける要素は無いのでしょうか。実は一つ、ある重大な要素の扱いが、生活空間の照明と舞台の照明とで、正反対とも言えるほどに大きく異なっています。その「重大な要素」とは、「外光（自然光）」です。

　建物の照明計画を考える際、大抵は採光に具合が良いように「窓」が作られます。家屋やオフィスや学校といった建物では、昼間の窓からの光を最大限利用することができるように設計されるのが普通です。非日常的な空間を演出することを意図した、たとえばレストランや宝飾店、ブティック、ギャラリーといった空間でも、地下などでなければ窓を設けて外光を入れる設計になっているほうが圧倒的に多いと思います。中には例外的に、窓を作らず外光を入れないことをあえて選択するケースもあるかも知れません。しかし、設計当初から絶対に外光を遮断すると決めて、それを前提にして照明設計をするケースは、生活空間ではほとんど無いと言ってよいでしょう。逆に、劇場には窓が作られることはまずありません。劇場という場所は、遮光と遮音がなされていることが設計段階の最初から前提となっている、と言っても過言ではありません。

　このように、生活空間の照明と舞台の照明の決定的な違いとして、外光を利用することを前提とするかどうかという点があります。舞台照明が行われる場所（＝劇場）は、少なくとも「光」については、その内部を外界から完全に遮断するように意図して作られています。逆に言えば、もし劇場の中に光が存在しているとすれば、それはすべて、人間が作った人工の光ということになります。どんな劇場でも、出入口の扉を閉め、そこに設置されている人工照明の光をすべて消せば、たとえ真昼であっても内部は必ず完全に真っ暗になります。劇場とはそのように作られている場所です。舞台の照明は原則として、外光が完全に遮断されることを前提として計画されます。

▍1-2　自然光から始まった

　現在の劇場はそのように外光が遮断され人工の光だけを使うという構造になっていますが、劇場空間がこの世に誕生した最初からそうだったわけではありません。そもそも、人が人工的な光を自在に扱えるようになったのは長い劇場の歴史の中で見れば比較的最近のことです。建造物としての劇場は少なくとも千年以上前から存在していたことがわかっていますが、電気を使った照明が使われるようになったのは19世紀の末頃、つまり今からほんの百数十年前、日本で言うと明治時代になってからです。

　劇場の歴史についてはさまざまな研究がありますが、照明家による業績としては、日本の舞台照明の先駆者である遠山静雄博士（1895 〜 1986）の『舞台照明学』上下巻（リブロポート刊、1988）の中に劇場の歴史についての詳しい記述があります。以下、『舞台照明学』を参照しながら、電気による舞台照明が成立するまでの歴史を簡単に見ていくことにしましょう。

　17世紀ごろまでの劇場では、自然光を積極的に取り入れていたようです。例としては、16世紀末から17世紀初頭の英国ロンドンにあったと考えられている「グローブ座」という劇場

があります。この劇場の建物がドーナツ状の形をしていたことはわかっているのですが、正確にどんな形であったかを特定することは困難で、さまざまな研究によって八角形、十六角形、あるいは円形といった説が提唱されたようです（『舞台照明学』上巻 P.67）。これらさまざまな研究を元に、グローブ座の構造をほぼ再現した「シェイクスピアズ・グローブ」という劇場が現在のロンドンにあります。筆者は「シェイクスピアズ・グローブ」を訪れたことがありますが、舞台には舞台照明のそれらしい設備は見当たらず、ドーナツ状の建物の中央は広く開いて空が見えます。昼間は舞台も客席も自然光で大変明るい状態です（図1）。

図1　シェイクスピアズ・グローブ（筆者撮影）

　グローブ座の時代は、自然光（昼光）によって舞台の基本的な明るさを得ていたと考えられます。人工の光も火を使ってある程度は作ることはできたでしょうが、劇場の舞台のような大規模な空間を照らすための光を人の手で作るのは、当時は大変難しかったであろうと考えられます。

　よく知られているイギリスの劇作家シェイクスピア（William Shakespeare, 1564〜1616）は、このグローブ座のオーナーの一人でした。グローブ座ではシェイクスピアの作品が数多く上演されました。グローブ座には人工光の照明設備はなく、上演は昼光の下で行われるのが基本でしたでしょうから、シェイクスピアの戯曲も、そのような環境で演じられることを前提に書かれたと考えられます。実際、シェイクスピアの戯曲をいくつか見てみても、照明に関する指定（たとえば「暗転」というト書きなど）は一切ありません。その代わり、台詞の中に、各場面の場所や時刻などの状況を観客に伝えるような言葉がしばしば使われているのが見つかります。有名な『ロミオとジュリエット』の中から少し例をあげてみましょう。　（※引用文の改行位置は原文と異なる。下線は筆者）

ロミオ　シッ！　なんだろう、あの向こうの窓から射して来る光は？　あれは東、すれば
　　さしずめジュリエット姫は太陽だ。美しい太陽、さあ昇れ、そして嫉妬深い月を殺して
　　くれ。
　　　　　　　　　　　　　　　　（『ロミオとジュリエット』シェイクスピア 新潮文庫 中野好夫訳 P.66）

僧ロレンス　薄墨色の眼をした朝が、夜のしかみ面に微笑みかけ、東の空は、光の縞が雲
　　を綾に染めなしている。
　　斑の闇は、まるで酔いどれのようによろめきながら、日の道、タイタン神の焰の車先か
　　ら逃れてゆく。さて、太陽があの燃える瞳をあげて、昼を勢いづけ、しとど置く夜の露
　　を乾しおわらぬうちに、毒ある草々、尊い薬液をもった花々を、この柳の籠一ぱいに摘
　　まなければならない。

　　　（中略）

ロミオ　お早うございます、神父様。
僧ロレンス　祝福、汝の上にあれ！　だれだな、朝早くこんなにやさしい訪れは？　若い
　　者が、こんなに朝早く寝床を離れるとは、さては何か思い乱れている証拠だな。

　　　　　　　　　　　　　　　　　　　　　　　　　　　　　　　　　　（同 P.79 ～ 81）

ジュリエット　時計が九時を打った時だったわ、乳母を使いに出したのは。半時間もすれ
　　ば帰ってくると、あんなに堅く言ったくせに。
　　　　　　　　　　　　　　　　　　　　　　　　　　　　　　　　　（同 P.97 ～ 98）

　このように、シェイクスピアの戯曲には、各場面の場所や時刻などを観客が把握するための
助けになる台詞がたくさん含まれています。現代の演劇においては、照明によって場面の場所
や時刻などを説明的に示すという手法が多く使われますが、シェイクスピアの時代には照明で
そのようなことをするのは無理でした。その代わりに、台詞の中に場面の状況説明が含まれて
いたということだと思います。
　では逆に、そのように台詞を使って場面の場所や時刻、季節などを表現することができるの
であれば、なぜ人工の光が求められたのでしょうか。なぜ劇場は、外光を遮断し内部を人工の
光で満たすという、現在の形になったのでしょうか。この疑問に対しては、いくつかの答えが
考えられますが、前出の遠山博士は『舞台照明学』の中で以下のように考察しています。

　　昼光照明の1つの大きな欠陥は、人為の及び難い変動性にある．太陽は常に運行し、天
　候は予測を許さぬ変化をする．演劇の継続する時間内に舞台の照度や配光の状態はどう変
　わるかわからない．決して一定ではあり得ない．
　　芸術の創造は人為である．しかるに照明の不可避なる変動は演出効果に一定の状態が希
　求されることを拒否する．したがって完璧な芸術は生れない．常に人為の及ばぬファクタ
　ーが入り込む．完全な演劇芸術は人為による一定の条件を備えた環境において、すなわち

照明の条件から言えば，自然光を遮断した暗黒の空間において人為創造の光が，それぞれの作品について特定の状態に適用されなければならない．すなわち現代においてはじめて可能となった調配光の自由さが得られる状態でなければ創造は不可能である．

（『舞台照明学』上巻 P.132）

つまり、人工照明が導入された理由は、コントロールのきかない自然光ではなく、自由になる「人為創造の光」を求めたからだろうと遠山博士は考えたようです。たしかに、演劇というものは舞台上があたかもどこか別の時空であるかのように設定するものです。ですから、劇場の天井や壁を閉じて閉鎖空間を作り、外部の現実時空からの物理的な影響を排除しようとする流れは、極めて自然だと思います。そのようにして、人工照明が発達するとともに外光が遮断されるようになったのだろうという仮説は、たしかに説得力があります。

ただ、劇場内の光が、ある時突然に自然光から人工照明に急に切り替わったということではないようで、劇場に人工照明が導入され始めた当初はまだ「窓」があり、太陽光も併用されていたようです。たとえば1872年刊行のチェンバーズ百科事典の「Theatre」の項目には「観客席は基本的に天井中央の大きなシャンデリアまたは太陽光で照明される」という記述があります（『Chambers's Encyclopaedia vol.IX 』J. B. Lippincott & Company, W. & R. Chambers 1872 P.390、筆者訳）。つまり、外光から人工照明への転換は、一度にではなくある程度の段階を追って進んだのであろうと想像できます。

この百科事典の記事が書かれた19世紀はガス灯が照明の中心だった時代で、舞台は「ガスボーダー」や「ガスフットライト」によって照らされ、「プロンプター」と言われる場所から制御が可能だったようです（同 P.390）。ガス灯の時代にすでに、客席部分を完全に消灯し舞台のみに照明を与えるような照明演出も行われていました（『舞台照明学』上巻 P.219）。

1-3　舞台照明の発展

舞台照明がそのように細やかなコントロールができるようになるとともに、照明は単純に「明るくする」という意味を超え、戯曲に設定されている場所や季節、時間などを再現しようとする「写実」という方向へシフトしていったと考えられます。そして、照明がガスから電気に切り替わるさなかの20世紀初頭に、革新的な写実手法である「ホリゾント」が開発されました。それまでは舞台上で「空」を表すには、背景幕や上部の幕（現在の一文字幕にあたる）を空色に塗ったりして表現していましたが、それでは現実味に難があります。そこで、舞台の最も後ろの背景となる一番外側を巨大な半球状の面で包み、その面を照明によって空のように見せるというアイデアがマリアノ・フォーチュニー（Mariano Fortuny, 1871 ～ 1949）によって考案されました。これがホリゾントの最初の形態である「クッペルホリツォント」です（同 P.253 ～ 255）。

また、時代はやや前後しますが19世紀の後半から、レンズを備えて単一方向に光を照射す

る「スポットライト」が使われ始めます。スポットライトは電球が実用化される以前から存在しており、その光源には、石灰にバーナーの火を噴きつけて光らせる「石灰灯（ライムライト）」や、二つの近接した炭素棒の間に放電を作り出して光源とする「アーク灯」が当初は使用されていました。(同 P.233 ～ 235)

　スポットライトはそれまでの照明（フラッドライト）と違い、照射範囲を狭く絞り込んだ光を作ることができます。最初は、舞台上の特定の場所に特に強い光を作り出す演出のために使用されていたようですが、電球を光源にしたスポットライトが数多く普及するとともに、より一般的な使用目的にもスポットライトが使われるようになっていきました。

　スポットライトは、フラッドライトに比べ、光の照射角度や照射範囲をより精密に、より自由に作ることができます。出演者の姿を間近から照らすためのフットライトは次第にその必要性が低くなり、舞台全体を照らすライト（いわゆる「地明かり」）も、それまでのボーダーライトに代わって複数のスポットライトによって作られるようになりました。そのようにして、舞台の光はより明るく、より緻密になっていき、単純に明るくするだけにとどまらない、さまざまな表現の可能性が見いだされるようになっていったと考えられます（各種の機材については第4章で詳しく解説します）。

　遠山博士は1933年の電気学会で、照明が舞台にもたらし得る作用として次の「四つの作用」を提唱しています（『舞台照明学』上巻 P.281 ～ 285、および『電気学会雑誌』1934年第54巻546号 P.58 ～ 59から要約）。

　　１）視覚：光の明るさや角度を整えて舞台の見やすさを提供する
　　２）写実：実在の光を模倣することにより場面設定を現実らしく見せる
　　３）審美：光の方向や色の工夫により舞台を美しく見せる
　　４）表現：光の色や明るさを使って心理的な感情などを表現する

　この内容を見てもわかるように、遠山博士がこれを提唱をした1933年の時点で、照明はすでに舞台演出において重要かつ多面的な役割を担っていたことがわかります。こうして、舞台照明はその表現方法を多彩に広げながら、大きく発展を続けていくことになります。

第2章

光と被照体

　前章では、劇場が自然光を遮断するとともに人工光の舞台照明が誕生し、それが電気照明の導入によってさらに発展してきた過程をごく簡単に解説しました。ここからは、舞台照明についてのより詳しい具体的な解説に入っていきます。まず本章では、照明に関する物理現象や人の視覚機能といった事柄について、自然科学的な見地からの解説をします。光や視覚に関する自然科学面の知識をある程度のレベルで知っておくことは、舞台照明を理解する上で大きな助けになります。

2-1　光と視覚

　目で「物が見える」ということは、「その物から目に光が届いている」ということを意味します。目に届いている光には大きく分けて2種類あります。

（1）光源が発した光
（2）物体の表面で反射した光

　「光源」とは、自らの内部に生じた光エネルギーを、周囲の空間に向けて発しているもの、と定義することができます。たとえば太陽や電灯などは光源の代表と言えます。車のヘッドライトや懐中電灯も光源です。他に、街で目にする看板やサインには、内部にランプを内蔵していて自ら光っているタイプのものが多く見られます。あるいはテレビやスマートフォンのような電子機器の画面も、大抵は自分で光を発しています。それらはいずれも光源だと言えます。

　光源が発した光は、大抵は視覚でしっかりと知覚することができ、場合によってはまぶしく感じます。視覚に対する光源の働きは大きく二つあります。一つは光源それ自体が「見える」ということ、もう一つは他の物体を光で照らし出すことです。

　光源でないのに「見えている」物は、光源からの光に照らされることによって目に見えています。もう少し詳しく言うと、まずその物体が見えているということは、その物体表面が「真っ暗ではない」ということです。真っ暗ではないということは、周囲のどこかから光が来ています。その光は何らかの「光源」から発せられて物体を照らしています。その光源からの光を断てば、物体は暗くなり、見えなくなります。

あらゆる光は、何らかの光源が発したものです。光源から発せられた光は、空間を直進し、いずれ何かの物体にぶつかります。物体にぶつかった光は、その表面で「吸収」されたり「反射」されたりします。また場合によっては一部の光が物体を「透過」することもあります。

　ほとんどの物体の表面は、やって来た光の一部を「ありとあらゆる方向に反射」します。これを「乱反射」（あるいは拡散反射）と言います（図13 P.24 参照）。光があたった物体が目に「見える」のは、その表面で乱反射した光が、見ている人の目に入って来るからです。そうして反射光が目に到達することによって「見える」と感じているわけです。物体の表面で光が乱反射している時、その反射光は、あらゆる方向にほぼ均等に散っています。つまり、今見ている目の位置の10センチ右にも、15センチ上にも同様に届いています。ですから、頭を動かして目の位置を10センチ右にしても、あるいは15センチ上に動かしても、その物体の「見え方」はほとんど変わりません。表面で光を乱反射している物体の場合、このように見ている視点の位置を変えても、その物体の見え方が変わることは基本的にありません。

　一方、鏡のような「鏡面反射」をする物体の場合にはやや事情が異なります。鏡は、表面に到達した光を一定の方向にしか反射しません（図14 P.24 参照）。そのため、視点の位置を変えると鏡の面上に見えるもの（＝鏡に映っているもの）が変化します（鏡についての詳しいことは後述します）。

　すべての「見えている物」は、自ら光を発しているか、あるいはどこかから来た光を受けてその一部を乱反射することによって、光が見ている者の目に届き、その結果「見える」と感じられます。見えている物が自ら光を発しているのか、それとも光を乱反射しているのかは、その見え方によって区別できる場合も多いですが、原理的には視覚で区別することはできません。たとえば、夜空にある星座を構成する星（恒星）は自ら発光していますが、火星や木星などの惑星、あるいは月は、太陽の光を乱反射して光っています。しかし、私たちの目ではどの天体が自分で発光していて、どの天体が太陽光を反射しているだけなのかを、全く区別することができません。光源が発した光と物体表面で反射された光には、本質的な差異はないのです。

　ですから、物体表面で乱反射した光もまた、光源が発する光と同様に"物を照らす力"を持っています。白いスクリーンにプロジェクターで動画を投影した場合、スクリーンはプロジェクター（光源）から来た光を反射しているだけで、自ら発光しているわけではありません。ですが、映画館での様子を思い出してみればわかるように、スクリーンに映った絵柄は周囲を照らし、暗闇の観客席に座っている人たちの顔をぼんやりと浮かび上がらせます。また空に見える月は、自ら発光しているのではなく太陽の光を反射しているに過ぎないのですが、暗い夜空の満月は、まるでそれ自体が光源であるかのように地上に月光を降らせます。このように、物体表面で乱反射した光も、物を照らす力を持っているのです。

　物体表面で乱反射した光も物を照らす力を持っているという事実は、図2（P.16）のような簡単な実験でも確かめられます。

　これは、机の上に黒または白の紙を置き、その上に手を下向きにかざした状態の写真です。左の写真と右の写真は、周囲の照明の環境は全く同じで、机に置かれた紙の色が黒か白かだけ

の違いです。白のような明るい色の紙を置いた場合は紙の表面で多くの光が乱反射します。それによって手のひらが明るく照らされます。黒のような暗い色の紙を置いた場合は、紙の表面で乱反射する光の量が少なく、白い紙の時と比べると手のひらが比較的暗くなっています。このように、白い紙で反射した光も、手のひらを照らす力を持っていることがわかります。

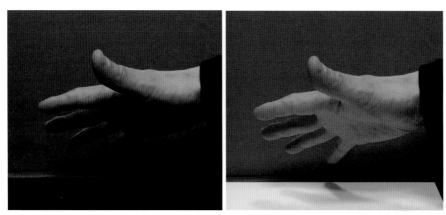

図2　黒い紙と白い紙による光の反射の違い

　ここまで、物が見える原理について説明してきましたが、それをもう少し実感として理解しやすくするために、パソコン用のビジュアライザーソフトを使って小劇場のシミュレーションを作ってみました（図3）。

図3　ビジュアライザー「Capture」による小劇場のシミュレーション

　このビジュアライザーは舞台照明のシミュレーション用に作られた「Capture」というアプリケーション（https://www.capture.se）で、空間内に簡単な立体を配置し、それに照明をあてた状態をシミュレートすることができます。

図3では、直方体型の小劇場に、簡単なセット（立木、ベンチ、自転車など）と数名の人物が配置されています。天井部分には何台かの舞台照明機材がセッティングされており、その光に照らされてセットや人物が見えている状態です。それらの照明機材は画面（視野）の外に配置されているので直接は見えません。

　つまり、今この小劇場にある（いる）すべてのものは、上部の照明からの光に照らされることによって見えており、自分で発光しているものは一つもありません。上部の照明機材から発した光がそれぞれの物にぶつかり、その表面が光を乱反射することによって「見えて」います。それぞれの物によって乱反射された光（の一部）が私たちの目に入ってくることによって、私たちはそれを「見えている」と感じるわけです。

　では、ここで試しに上部の照明をすべて消灯してみます（図4）。

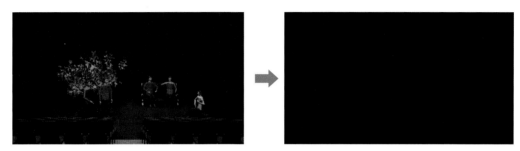

図4　照明をすべて消灯してみる

　すると全体が真っ暗になり、何も見えなくなりました。これがどういうことかを先ほどの説明に沿って解説すると、照明（光源）を暗くしたため、光源からの光が断たれ、それによって物や人にあたる光が無くなり、その結果、物や人の表面で乱反射されていた光も無くなり、その反射光の一部であった、目に届いていた光も無くなり、結果として「見えない」と感じている、ということになります。

　では次に、照明の光は点けたままにしておいて、今「見えている」物や人を消し去ってみましょう。現実世界では物や人を消し去ることはできませんがシミュレーションの世界なら仮想的にそれが可能です。まず人物とセット、そして客席を取り除いてみます（図5）。

図5　人物・セット・客席を取り除いてみる

　すると空っぽの劇場の姿が見えてきました。この時に見えている劇場の壁や床も、照明の光があたって、そこで乱反射された光が私たちの目に届くことによって見えています。では劇場

の壁や床も取り除いてみましょう。すると、ただの真っ黒な状態になってしまいました（図6）。

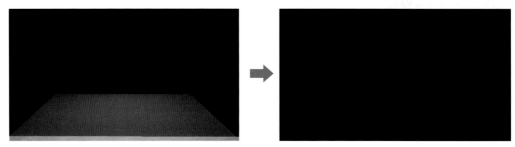

図6　劇場の壁や床を取り除く

　照明（光源）は視界の外にあり、それは点灯したままです。しかし、その光を受け止めて反射する物体が何も無くなってしまったので、私たちの目に到達する光も視野内には何も無くなり、結果として「何も見えない」という状態になったのです。現実世界では、視野の範囲からすべての物を消し去るということは不可能ですが、このようにシミュレーションならできますし、そこから想像力を使って、仮にそれが実現した時の状態を空想することは可能です。視野の範囲からすべての物を消し去った時、そこが明るい光で満たされていたとしても、目には何も見えないということがわかります。

　さてここで注目したいのは、照明を点灯したままですべての物や人を取り去った状態（図6右）と、物や人がある状態のままで照明を消灯した状態（図4右）が、見た目としては全く同じだということです。視野の中に何も存在しない状態と、光が無い真っ暗な状態とでは、物理的な状況としては全く異なるのですが、私たちの視覚ではこれらを区別することができないのです。目の前に物があるか無いかは、真っ暗の状態だと視覚で検知することはできません。逆に、そこに光がある（明るい）と私たちが感じることができるのは、そこに何らかの物体があるからこそだということです。視野の中に物体が何も無いと、そこが明るいのか暗いのかも視覚で検知することはできないということになります。

　つまり、何らかの物が目に「見えている」ということは、

● そこに物がある
● その物が光に照らされている

という二つの条件が必要だということになります。

　物は目の前に存在しているだけでは見えません。そこに光があって、その光で照らされることによって初めて「見える」状態になります。また逆に、視野の範囲に何も物がなければ、そこに光があるかどうかを視覚では知ることができません。何か物があり、そこに光がぶつかってその物が見えることにより、初めてそこに光があったということがわかるのです。物は光があってこそ見えるわけですが、逆に、光は物があってこそ見える、ということも言えるわけです。

たとえば生活空間で「この部屋は明るい」とか「ここの廊下は暗い」と感じたり、あるいは舞台の照明で「この場面は暖色系で明るく」とか「このシーンはブルーっぽい感じで暗く」のように話したりすることがあります。そのように、私たちは何気なくその場の光の具合を感じたり言葉にしたりすることがありますが、それらはすべて、そこに「存在している物」の見え方に基づいています。「部屋が明るい」というのはすなわちその部屋の「壁」や「床」や「家具」など、そこにある"物"が明るいということに他なりません。私たちは明るい場所にいる時、なんとなく「空間が明るい」と感じますが、そこに物が無ければ明るさを感じることはできません。私たちがその場の「光の様子」として捉えているものは、実際はその場にある「物が光にどう照らされているか」のことなのです。空間そのものは見えません。明るさを感じさせているのは、あくまでその空間の中にある「光に照らされた物」なのです。

2-2　光に照らされた物体

　物体が「見える」のは、実際にはその"表面"が見えているということです。視覚が「見える」と認識するのは表面であり、表面を成している面の組み合わせにより立体（物体）が知覚されます。物体の表面には色柄や凹凸がありますが、表面をごく小さい部分に分解して考えると、近似的には単一色の小さな平面が集まってつながったものと捉えられることに気づきます。したがって、立体に光があたった時の見え方も、平面に光があたった時の見え方の合成だと考えることができます（図7）。

図7　色々な立体のシミュレーション

　面に光があたった時の見え方は、面での光の吸収と反射の具合によって決まってきます。面は、あたる光の角度によって明るさが大きく変わります。光が面に対して垂直の時に最も明る

い状態になり、逆に面に対して光の角度が浅くなるほど暗くなります。角度の異なる複数の面が、一つの光に照らされている時、それぞれの面は、光に対する角度の違いによって、異なる明るさに見えます。むしろ、私たちの視覚は、面の明るさの違いによってその角度を判別していると言ったほうが良いでしょう。

　図7はいくつかの立体の図に見えると思いますが、この図自体は平面です。にもかかわらず、これが「立体に見える」のは、描かれている図形の形と明るさの組み合わせによって、脳内で立体が組み立てられるためです。このように、立体表面の形と明るさは、視覚的にその立体を認識する上で重要な働きをしているということがわかります。

　表面に凹凸のある板があるとします。この板の表面がデコボコしているということは、ミクロで見ると、さまざまな角度を持った微小面の集合により表面全体が構成されているということです。このような板の表面に対して、比較的浅い角度から光をあてると、表面を構成する微小面一つ一つが、光に対して色々な角度になります。光源に対して垂直に近い微小面もあれば、光源とは反対向きで光が届かない微小面もあります。その結果、それぞれの微小面は明るいものから暗いものまでバラバラな明るさになり、全体として表面の凹凸が光によって強調されるという結果になります（図8）。

　一方、この板の表面に対して垂直に光をあてると、微小面一つ一つの光に対する角度は、全く同じにはならないものの、浅い角度で光があたっている場合に比べると、大きな差にはなりません。つまり微小面の明るさが比較的バラツキの無い状態となるため、結果として表面の凹凸が光によって強調されることは無く、どちらかと言うと面の色（絵柄）が見やすくなります（図9）。

　このように、光の具合によって物体表面の見え方が変わってくるわけですが、それは逆の見方をすれば、光に照らされている物体表面の見え方の中に、光源の位置やその光の強さなどの情報が含まれているということを意味します。

　光に照らされる対象のことを「被照体」と言います。この用語を使ってここまでの話をまとめると、まず、ある被照体に光があたっている時、その光の状態により、被照体の見え方がさ

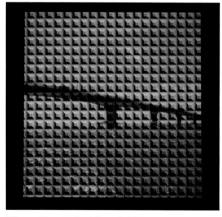

図8　面の凹凸が光で強調されている

図9　面の絵柄が見やすい状態

まざまに影響されるということが言えます。そして、そのことから逆に、被照体の見え方を詳細に観察することにより、その被照体を照らしている光が、どの方向から来ているか、その光の強さはどれぐらいかといったことを推測することができる、ということが言えます。

2-3　光源

　物が目に見える仕組みについて、ここまでは光源でない物が光に照らされて見えている場合を考えてきました。

　それに対して、光を自ら発している光源そのものを直接目で見る場合は、光源自身から出た光がそのまま目に届いている状態になります。「見える」とは目に光が届くことですから、視界の中にある「光源」は基本的に「見えます」。ただ、光源が見えている場合、視覚で感じ取れるのはその光だけで、光源そのものの表面や内部の様子はほとんどわかりません。そのことを理解するために、ここでは光源の例として、中にランプが内蔵されている光る看板（図10）について考えてみましょう。

図10　ランプを内蔵した看板

　看板にデザインされている文字や絵が読み取れるのは、看板表面から発する光の色や位置が、デザインに従って配置されているからです。このような作りの看板の内部にはランプが内蔵されており、看板表面は半透明の板でできていることを、私たちは知識として知っています。しかし、深く考察してみると、純粋に視覚的に見える情報だけから、その看板の表面が半透明の素材だと断定することはできないということに気づきます。視覚情報だけからでは、たとえば看板の表面が発光する素材でできていてその面自体が光を発している、という仮説を排除できません。表面が発光しているのか、それとも内部が発光しているのか、見ただけではわからないからです。

　別の言い方をすると、看板の素材のように半透明で光を透かす物体があり、かつその後ろ側

に光源がある場合、その半透明の素材を含めて、**全体が光源として働いている**、ということが言えます。光っている面を見た時に、その面自体の表面が発光しているのか、それともその面は半透明で、後ろ側にある光源をおおっているだけなのか、その区別は視覚ではできません。つまり、それ全体で一つの光源を成しているとしか捉えられないわけです。

また、光る看板であれ、何らかの照明機材であれ、それ自体が光っているもの（＝光源）は、その表面の詳細な形状が見えない状態になっています。たとえば表面がスベスベなのかザラザラなのか、あるいはデコボコなのかといったことは、それ自体が光っている場合、視覚的にはほとんどわかりません。たとえば看板の上に黒い線が見えているとして、それが看板に塗料で描かれた線なのか、それとも細い棒が看板の表面に張り付いているのかを、視覚で区別することは困難です。つまり、光源を見ている時に視覚が受け取る光の中には、光源自体の物理的な様子を示す情報がほとんど含まれていないということが言えます。その点が、前に考察した「被照体」とは大きく違います。

被照体が光に照らされた場合、光の角度によってその表面はさまざまに見え方を変えます。また、照らされた表面の様子を観察することによって、照らしている光がどれぐらいの強さでどちらの方向から来ているかがわかります。そのように、被照体の見え方の中には、照らしている光や被照体自身の情報が多く含まれているのでした。ところが光源そのものの見え方の中には、ほとんどそういった情報は含まれていません。発している光の色と形がそのまま見えるだけで、その光源自体がどのような物理的実体であるかは、視覚ではほとんど情報が得られないのです。

たとえば何らかの、光が透ける半透明の物体があるとして、それを光に透かして見た時には、その物体のどの部分が光をどの程度通過させるかといったことだけが見え、それ以外のその物体についての情報はほとんど見えなくなります。一方、同じその物体に対して、手前から光を照らして見ると、表面の形や色つやなどが良く見えます。

光に透かして物体を見た時は、その物体の後ろに光源があるのか、それともその物体が自ら光を発しているのか、視覚には区別がつかない状態となります。つまり、見かけ上その物体は光源（の一部）を成すような見え方をします。一方、その物体に対して手前から光を照らした時は、その物体は光を発しない普通の被照体として見えます。その時は逆に、光がどの程度透けるのかは、ほとんどわからなくなります。

2-4　見えていない物

次に、表面で光が乱反射されない物体について考えてみましょう。ここではその三つの形態、「黒色」、「透明」、「鏡面」について考察します。

① 黒色
黒い色の物は、その表面で光の大部分を吸収し、ほとんど反射をしません。そのため、黒い

物体の表面はさまざまな光をあててもその見え方があまり変わらず、表面の様子は相対的に「見づらい」と言えます。それでも実際には黒い物は「見えます」。それには、二つの理由があります。一つには、ほとんどの黒い物は、わずかには光を反射している、すなわち、本当の意味で黒くはないということです。真に黒い物は光を全く反射しませんので、光で照らしてもその形（陰影）は全く見えないはずです。ですが実在する大部分の黒い物は、本当の意味での"黒色"ではなく、光があたると若干ですが明るくなります。たとえばしわくちゃの黒い布に光をあてれば、しわの陰影を目で見ることができます。もちろん、黒くない物に比べれば相対的に「見づらい」ということは先に述べた通りです。

黒い物が見えるもう一つの要因は、黒い物体が背後にある物を隠すということです。

図11のカラスはほとんど真っ黒に見えます。陰影が無くカラスの体の表面の凹凸はほとんどわかりません。しかし、背後の景色が鳥の形に隠されているので、そこに黒い鳥がいるということはわかります。つまり、黒い物はそれ自身が光を反射していない（その意味で「見えている」とは言えない）としても、存在はわかる（見えているように感じる）のです。

② 透明

透明の物は、光の大部分を透過させ、表面での乱反射はほとんどありません。ですから、その表面は「見えていない」ということが言えます。ですが実際には透明のガラスのコップなどは目に見えます。透明な物が見えるのには二つの理由があります。一つは、大抵の透明の物は実際には真に透明ではない（やや不透明である）ということが考えられます。もう一つは、透明の物質は光を透過させる際に、その光を「屈折」させるということです。

透明なガラスや水、プラスチックなどに光が出入りする際、その進路が曲がります。そのため、透明の物の背後にある物は形が歪んで見えます。窓ガラスのように薄くて平らなガラスの場合は、屈折の度合いが比較的小さいため、ガラスが透き通ってその場に無いかのごとく見えることがあります。しかし、厚いガラスや湾曲したガラスの場合は、比較的大きな光の屈折が生じ、それによって背後にある物の形や位置を歪めて見せるため、そこにあるということがはっきりと見えます（図12）。

図11　カラス（黒色）

図12　水の入ったコップ（透明）

③ 鏡面

　被照体の表面で起こる光の反射について、ここまでは「乱反射」（図13）を想定して話を進めてきましたが、表面がとても滑らかな場合、乱反射の他に「鏡面反射」（正反射とも言う）という現象が生じます。鏡面反射とは入射角と反射角が等しい反射のことです（図14）。

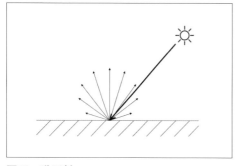

図13　乱反射

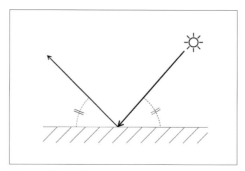

図14　鏡面反射

　例として、鏡面反射の名前にもなっている「鏡」について考えてみましょう。鏡とは「鏡面反射をする平面」と定義することができます。汚れが全く無い鏡を見た時、その鏡面自体は見えません。その代わり、鏡の中にあたかも立体的な空間が存在するかのように見えます。これは、鏡の表面が、そこにやって来た光の配列を崩さずに、ただそのまま反射するためです。鏡には物体が「映って」見えます。それは、鏡にぶつかった光が、その配列を崩さずそのまま鏡面反射されることにより起こります。物体表面からの光が配列を変えずに角度だけ折れ曲がって目に届くため、結果として鏡の向こうに物体があるように（＝映って）感じられるのです（図15）。

　物体の表面が光を反射する時、そこには通常、乱反射と鏡面反射の両方が含まれています。鏡面反射が比較的多く含まれている物体表面は、物が「映って」見えます。それは視覚的には「艶がある」と認識されます。艶の無い表面では鏡面反射は起こらず、そこで反射される光はすべてが乱反射です。逆に、磨かれた金属のような、滑らかな銀色の物体表面では、乱反射が起こらず、光がすべて鏡面反射されます。そのような面は乱反射をしないので、その面自体は見えず、鏡面反射によって周囲の物が表面に「映って」見えます。その際、表面が平面の場合

図15　鏡面反射をする平面（鏡）

図16　鏡面反射をする曲面

は"鏡"として機能しますので、図15で見たように面の存在が見えなくなりますが、表面が曲面の場合は映った物が歪んで見えるため、そこに面があることがはっきりと認識されます（図16）。

2-5 色

　目に物が見えている時、同時にその色が知覚されています。緑の草、赤い果実、青い空、白いテーブル、紫の花など、多彩な色を私たちの視覚は感じています。この「色」というのはいったい何でしょうか。それを厳密に知ろうとすると、実はかなり複雑な話になってしまいます。色については、すべてを順序立てて細かく正確に解説するのはかなり困難ですし、話も難解にならざるを得ません。そこで、最初は正確さを少し犠牲にして、大まかな解説をするところから話を始め、そこから少しずつ、深く厳密なところへ向けて理解を進めていく、という方法をとりたいと思います。

① 光の色
　色を理解する方法として比較的わかりやすいと考えられるのは、「すべての色は三原色のバランスでできている」という理解です。これは厳密には必ずしも正しくないのですが、色を理解するための入り口としては、ほぼ無害な前提だと思います。舞台照明の実務においても「光の三原色」の理解は大変有効ですので、まずこれを出発点にしたいと思います。
　光の三原色とは「青、緑、赤」の３色です。この３色の光をさまざまなバランスで重ね合わ

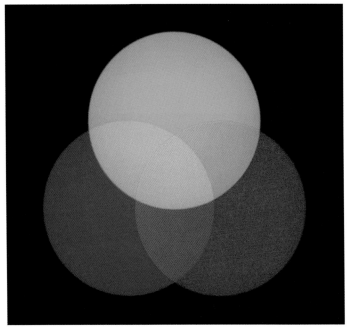

図17　光の三原色（青、緑、赤）

せることにより、あらゆる色の光を作ることができます。舞台照明ではホリゾントライトに三原色の光源がよく使われます。ホリゾントは白色の面ですので、3色の光源の強さのバランスを調整することによってホリゾント面を好みの色合いに染めることができます。たとえば青を0％、緑を50％、赤を100％にすると、ホリゾントは橙色に染まります。あるいは、青を100％、緑と赤をともに50％にすると、ホリゾントは薄い紫色に染まります。このように三原色のバランスを調整すると、ほぼどんな色でも作ることが可能です

　図17 (P.25) は三原色を重ね合わせた様子です。さまざまな書籍や資料でしばしば提示される図形なので、同様の物を見たことがある人も多いと思います。この図は、ビジュアライザーの中に丸い光を照射する光源を三つ用意し、それぞれの光の色を青、緑、赤（＝三原色）にし、照射範囲が互いに重なるようにして白い平面に照射したものです。見てわかるように、青と緑が重なった部分は青緑色（シアン）に、赤と青が重なった部分は赤紫色（マゼンタ）に、緑と赤が重なった部分は黄色に、そして、3色がすべて重なった部分は白色になります。このように、異なる色の光が複数重なると、別の色の光になります。三原色以外のさまざまな色を重ね合わせてみた例を図18に示します。

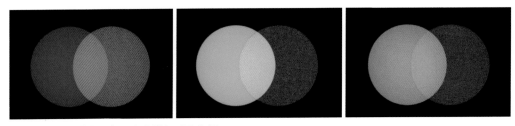

図18　二つの異なる色の光を重ねてみた例

　これらの例でもわかるように、二つ（またはそれ以上でも）の色光を重ね合わせると、重なった部分は元の光のどちらよりも明るい（薄い）色になります。そして、白色の光（たとえば太陽の光）は、三原色すべてが同じ強さで重なり合ってできています（図17の中央）。日常生活で目にする光源（たとえば電灯）の光は、そのほとんどが白色（またはそれに近い色）の光です。白い光は、人の眼には「白色」という一つの色に感じられますが、実はその中に三つの原色が含まれている光なのです。

② **物の色**　（引き続き「すべての色は三原色のバランスでできている」という前提での解説です）

　赤いリンゴに光をあてると、光に含まれている青の成分と緑の成分がリンゴに吸収され、赤の成分だけが表面で反射（乱反射）されます。反射されたその赤い光が見ている人の目に入る結果として、リンゴは赤く見えます。緑のピーマンは、光があたった時に、光の中の青と赤の成分がピーマンに吸収され、緑の成分だけがピーマンの表面で反射されます。その結果、ピーマンは緑に見えます。黄色のバナナは、光があたった時に青成分が吸収され、緑と赤の成分が両方とも反射されます。その結果、緑と赤が足された「黄色」がバナナの色として感じられます。橙色のみかんは、光があたった時にその青成分が吸収され、赤成分はほぼすべて反射され、

緑成分については半分程度が反射されます。その結果、赤100％＋緑50％である「橙色」に見えるわけです。

- ●赤色の物体：青＝吸収、緑＝吸収、赤＝反射
- ●緑色の物体：青＝吸収、緑＝反射、赤＝吸収
- ●黄色の物体：青＝吸収、緑＝反射、赤＝反射
- ●橙色の物体：青＝吸収、緑＝半分反射、赤＝反射

このように、物体の色は、その表面が三原色のそれぞれをどれぐらい反射するかによって決まっています。私たちの身の回りには無数の色合いが存在していますが、どんな微妙な色であっても、三原色の内のどの色をどの程度吸収し、また反射するかによって、その色合いが決定づけられています。

ここからわかることとして、物の色を正しく見分けるためには、そこにあたっている光が白い光でなければならないということがあります。物の表面が光の三原色のどの成分をどの程度吸収し、またどの程度反射するかによって、それが何色に見えるかが決まるわけですから、その物の色を正しく判別するためには、三原色のすべての成分を含んだ光＝白色の光で照らす必要があります。逆に、たとえ光があたっていても、それが白くない光、つまり三原色が偏って含まれているような光だと、物の色を正しく判別することができません。たとえば濃い黄色の光は、三原色の内の青の成分を含んでいないので、それで照らしても物の表面が青成分を反射するかどうかを見分けられません。その結果、その表面色が紫であるか赤であるかの区別、あるいは青緑であるか緑であるかの区別が、できなくなってしまいます。

図19は、ビジュアライザーを使って2色に塗り分けられた球体に光をあてた例です。同じ二つの球体に対して、左の図では白色の光を、右の図では黄色の光を照射したところです。白色光では見分けられていた色の違いが、黄色の光の下では非常に見分けづらくなっていることがわかります。

図19　白色の光（左）と黄色の光（右）で照らした時の見え方の違い

③ **加法混色と減法混色**　（引き続き「すべての色は三原色のバランスでできている」という前提での解説です）

赤いリンゴや緑の草など、不透明な物が色づいて見える仕組みは、上述の通り特定の色成分

のみが表面で反射されるためです。では、光が色づいて透ける物、たとえば舞台照明で使われるカラーフィルターの場合はどうなのでしょう。

　カラーフィルターのように光が色づいて透ける物は、照射された光の中の一部の色成分を吸収し、残りの色成分を透過させるという性質を持っています。たとえば赤色のカラーフィルターは、白い光を照射した時に青成分と緑成分を吸収し、赤の成分をそのまま透過させます。その結果、そのフィルターを通った光が赤い光になります。あるいは紫色のフィルターであれば、緑の成分を吸収し、青と赤の成分を透過させます。また、青緑色のフィルターは赤の成分を吸収し、青と緑の成分を透過させます。

- ●赤色のフィルター：青＝吸収、緑＝吸収、赤＝透過
- ●紫色のフィルター：青＝透過、緑＝吸収、赤＝透過
- ●青緑色のフィルター：青＝透過、緑＝透過、赤＝吸収

　ですから、紫色のフィルター（青と赤を透過）と、青緑色のフィルター（青と緑を透過）とを重ねて、そこに白色の光を通すと、両者を通過できる原色は青のみなので、結果として青い光ができます。同じことを言い換えると、紫色のフィルターと青緑色のフィルターを重ねたものは、青色のフィルターとして機能するということになります（図20）。

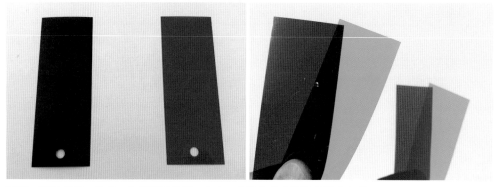

図20　紫色のフィルターと青緑色のフィルターを重ねると青色が作られる

　白色光源のムービングライトの多くは、内部で3色のフィルターを重ね合わせることによって色を作り出しています。その際のフィルターの色は青緑（シアン）、赤紫（マゼンタ）、黄色（イエロー）の3色が使われます。この3色、シアン（C）、マゼンタ（M）、イエロー（Y）は、光の三原色である赤（R）、緑（G）、青（B）と、互いにネガ（補色）の関係になっています。すなわちシアン（C）は白から赤（R）を引いた色、マゼンタ（M）は白から緑（G）を引いた色、イエロー（Y）は白から青（B）を引いた色です。これら3色のフィルターを、それぞれ独立に機械仕掛けで少しずつ光源にかぶせられるような仕組みになっています。3色のフィルターをそれぞれ白色光源にどの程度かぶせるかの度合いを調整することにより、元の白色から三原色のそれぞれをどれぐらいマイナスするかが調整され、結果として任意の色を作

ることができます。3色のフィルターすべてを完全に光源にかぶせると、フィルターは「黒」になり、光は遮断されます。

　RGBの3色の光源を混ぜて色を作る場合は、それらの光を重ね合わせることにより、より明るい色が生じ、3色ともすべて重ねると白色ができるのでした。そのような色の混ぜ方を「加法混色」と言います。一方、カラーフィルターを重ねる例で考えたように、色を重ねれば重ねるほど暗くなる（黒に近づく）性質の混色を扱う時は、CMYが原色となり、この場合の色の混ぜ方を「減法混色」と言います。RGBが光の三原色と呼ばれるのに対し、CMYは「色の三原色」と呼ばれます。加法混色（原色はRGB）と減法混色（原色はCMY）を図示したものが図21です。この図の左側（加法混色）は、図17（P.25）と同じ図です。

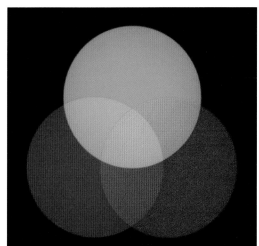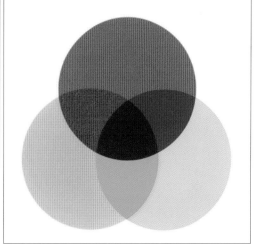

図21　RGBによる加法混色（左）とCMYによる減法混色（右）

　加法混色も減法混色も、三つの原色を材料とし、それら三原色を混ぜる時のバランスを調整することによってさまざまな色を作る点は同じです。ですがその方向が逆向きになっています。「黒（暗い）」の状態からの足し算で色を作るのがRGBによる加法混色、「白（明るい）」の状態からの引き算で色を作るのがCMYによる減法混色という方法です。どちらも、色というものが光の三原色（RGB）のバランスでできているという原理に基づく点では共通しています。たとえば、本書のような書籍のカラー印刷には、CMYの3色のインク（実際には黒も併用される）が使われ、減法混色によってすべての色を作っています。なぜこの場合に減法混色の方法になるかというと、印刷というものをミクロの目で見てみれば、それは基本的に白い紙面に対して行うものだからです。つまりすべての色成分が反射される白色の紙面を土台として、そこにインクを乗せることにより、反射光の一部をフィルタリングするということが目的だからです。つまりカラー印刷は、白色光源にカラーフィルターを重ねていくのと同様に、白い紙面の各場所に対して、どの色成分を反射しないようにするかを決めていくという「白からの引き算」の考え方なので、CMYの「色の三原色」を使って減法混色で考えることになります。

　ちなみに、2010年代以降急速に舞台照明で普及したフルカラーのLED機材は、加法混色によ

って色を作る仕組みになっています。その多くは内部に青、緑、赤の「光の三原色」の光源を内蔵しており、その出力のバランスにより自由に色光を作ることができる構造になっています。器具によっては、より精細な色合いを作るために、三原色に加え、他の色（白や橙など）の光源を備えているものも多くあります。このような機材の場合は、消灯（暗い）の状態を出発点として、どの色をどれぐらい足すかによって色を作るので、「加法混色」の考え方になります（フルカラーLED機材については第7章でまた取り上げます）。

④ 三原色仮説では説明できない事象

　以上、ここまでが「すべての色は三原色のバランスでできている」という仮説に基づく説明です。理屈が単純で分かりやすいですし、色に関する多くの事象を矛盾なく説明できるので、色というものについて大まかに理解する際には悪くない説明だと思います。しかし、この「三原色仮説」は科学的な観点から見た場合、残念ながら不十分かつ不正確であると言わざるを得ません。「三原色仮説」では説明できない事象（反例）として、たとえば下記のようなものがあります。

- ● 太陽光をプリズムで分光すると虹のような七色が現れる
- ● 昼白色の電灯と、曇天の外光とでは、光の色としてはほとんど同じ白色に感じられるが、その下で見る衣服等の色が明らかに異なって見えることがある

　これらの事象を理解するためには、光というものが物理的にはどのような存在であるかということについて知る必要があります。

⑤ 電磁波の波長としての色

　光は物理的には「電磁波」の一種だということがわかっています。電磁波とは空間を伝わっていく電気と磁気の波で、電磁波の内、波長が比較的長いものは「電波」と呼ばれ、放送や通信に使用されています。また、波長が約360nm（nm：ナノメートル）から約760nmまでの電磁波は人の視覚で感じることができ、これが光（可視光線）です。「可視光線」より少し長い波長の電磁波を「赤外線」と呼び、可視光線より少し短い波長の電磁波を「紫外線」と呼びます。赤外線はIR（infrared）、紫外線はUV（ultraviolet）としばしば略されます。紫外線よりさらに波長の短い電磁波には、医療で使われる「X線」や放射線に分類される「ガンマ線」などがあります。

　可視光線の波長は360nmから760nmぐらいまで幅がありますが、その波長の違いは視覚には「色」として感じられます。最も波長が長い（約600nm以上）可視光線は視覚には「赤」の光として感じられ、以下波長が短くなるにしたがって「橙」、「黄」、「緑」、「青緑」、「青」の順に感じ、そして波長が最も短い約430nm以下の可視光線は「青紫」に感じられます。これは虹の色の並びの順番であり、プリズムを使った分光実験でもこの色の並び順が観察できます。この

順で並べた光の帯を「スペクトル」と呼びます (図22)。

図22　スペクトル

　虹やプリズムによって光が七色に分光される現象は、光がガラスや水などの素材に出入りする時の「屈折率」が波長（色）によって異なることによって起こります。波長が長いほう（赤）が屈折率は小さく、波長が短いほう（青紫）が屈折率は大きくなります。

　上述したように、光の電磁波としての波長の違いを視覚は色として感じますので、たとえば波長580nmの光は、視覚には「黄色」として感じられます。ですが、「黄色い光＝波長580nmの電磁波」とは言えません。なぜなら、波長580nmの光が含まれていなくても、たとえば波長570nmと590nmの二つの光を混ぜた光線を作っても、視覚にはやはり「黄色い光」に感じられるからです。互いにもっと離れた二つの波長、たとえば550nmと610nmでも、530nmと630nmという組み合わせでも、それら二つの光を重ね合わせると、やはり黄色に見える光になります。さらに、波長530nmから630nmまでの光をまんべんなくすべて含んだ光も、やはり黄色に見えます。つまり、波長と色は「1対1」に対応しているのではなく、同じ色を作る方法が何通りもあるのです。目の前に黄色い物体があるとして、その物体から目に届いている光が、波長580nmの一つの光なのか、それとも波長530nmと630nmの二つの光の合成なのか、あるいは波長530nmから630nmまでがまんべんなく混じりあった光なのか、視覚ではほぼ区別できないのです。この事実は、先の「三原色仮説」だけでは説明できません。

　なぜこのようなことが起こるかと言うと、「色」というものが、物理的な存在ではなく、光の波長の成分のバランスを元に人間が脳内で作っているイメージだからです。「色」とは、実は人間の感覚の中にしか存在していないもの（クオリア）なのです。ですから、脳内に「黄色」のイメージを発生させる光であれば、物理的な波長の構成がどのようなものであっても、それは同じような「黄色の光」として感じられるのです。

　今の説明の中で、波長580nmの黄色と同じ色を、波長530nmと630nmの合成でも作れるという話が出てきました。波長530nmの光は緑色であり、図22（スペクトル）のほぼ中央に相当します。また、波長630nmの光は赤色で、図22の右寄りに相当します。これら、波長530nm（緑色）の光と、波長630nm（赤色）の光、この二つの光源を用意すれば、その光の混ぜ合わせのバランスにより、スペクトル上でそれら2色の間にあるどの波長の色でも（黄緑、黄、橙など）作ることができます。また、波長530nm（緑色＝図22の中央）の光と、波長460nm（青色＝図22の左寄り）の光との混ぜ合わせのバランスにより、スペクトル上でそれら2色の間にあるどの波長の色でも（青緑など）作ることができます。つまり、これらの3色（赤、緑、青）があれば、波長460nmから630nmまで、すなわち可視光線のほぼ全域の色について合成す

ることができる、ということになります。

　赤（630nm＝右寄り）と緑（530nm＝中央）の２色の光の混合や、緑（530nm＝中央）と青（460nm＝左寄り）の２色の光の混合の場合は、それぞれ、そのバランスによりできあがる見かけの色はスペクトル上の２色の間の波長の色のように感じられるわけですが、赤（630nm＝右寄り）と青（460nm＝左寄り）の光を混ぜた場合の見かけの色は、スペクトル上の中間の波長（545nm）の緑色にはなりません。赤色の光と青色の光を合成すると、スペクトル上には存在しない色＝赤紫（マゼンタ）の光になります。マゼンタはスペクトルに無い色ですから、太陽光をプリズムで分光した中にも無く、虹の中にも含まれていない色です。つまり人間の視覚は、太陽光の分光スペクトルに存在しない色まで脳内で作り出して、それを含めた全体を「色」として感じているわけです。そこまで含めたすべての色は、赤と緑と青の３色（三原色）の光のバランスにより作ることができるように、人の視覚では感じられます。こういった事象は、「三原色仮説」から導かれる結論と一致しています。

⑥ 物を照らす光の色

　目に直接入ってくる光の色、すなわち目に「見えている」物の色がどう見えるかについては、ここまでの説明で特に不都合はありません。しかし、被照体を照らす光の色について考えようとすると、話が一段複雑になります。目に何か物が見えている時、それが自ら発光していないとすれば、何らかの光に照らされているからこそ見えているのでした（P.18 参照）。その時、光に照らされた物（被照体）がどういう色に見えるかは、被照体の表面で反射されている光の波長成分のバランスで決まります。そしてそれは、被照体を照らしている元の光の波長成分に影響されます。被照体は元の光の一部をその表面で反射するわけですから、元の光に含まれていない波長成分が、被照体の表面で反射されることはあり得ません。被照体の表面で反射される光の成分は、元の光源の光の成分の「部分集合」ということができます。

　ということは、光源からの光で照らされた被照体がどんな色に見えるかは、二つの要因によるということがわかります。

（１）光源の光に含まれている波長成分
（２）被照体の表面がどの波長成分をどれぐらい反射するか

　（１）はだいたい光源の光が「何色の光か」ということであり、（２）はだいたい被照体が「何色の物か」ということを意味します。いずれも「だいたい」としか言えないのは、「何色」という色の概念自体が人の脳内で作られるもの（クオリア）であり、光の波長成分を完全に表したものとは言えないからです。たとえば二つの似たような色合いの光源があったとして、見た目には似た色合いの光なのに、そこに含まれる波長成分が大きく異なっているということがあり得ます。あるいは、二つの似た色の物体が並んでいて、ほとんど同じ色に見えるのに実は反射している光の波長成分が全く異なっているといったこともあり得るわけです。

こういった前提で「被照体を照らす光の色」という概念を考えようとする場合、それをどう表すかは、実はあまり簡単ではないということに気づきます。単なる物体の色であれば、その物体を見た時の色そのもの（クオリア）を言葉にして言えば良いわけです。たとえば、「この物体は、太陽光で照らした時は色aに見えるが、光源Lで照らした時はやや違う色bに見える」などと表現できます。この場合、その物体の「本当の色はa」だということが言えます。なぜなら、太陽光の下で見た時の色が物体の正しい色（それが定義）だからです。

　一方、物体を照らす光の色を言おうとするとかなり複雑になります。何らかの物が無いと光は見えないので（P.18参照）、光の色を記述するためには、その光によって照らされた物体の色によって言うしかありません。しかし物体の色はさまざまなので、それらの色が、その光によって「それぞれのように」見えるかを列挙しなければ、光の色の記述として十分とは言えません。

　「白い物体」を照らした時に現れる色が、およそ、その光の色だと言うことはできますが、それだけでは十分とは言えません。たとえば二つの異なる光源があったとして、それらが白色の被照体を同じ色に照らし出すとしても、そこに含まれている波長成分は異なっているかも知れません。だとすると、白くない被照体は異なる色に照らし出す可能性も考えられます。ですから、白い物だけでなく、十分な種類のさまざまな色の物体を照らした時に、それらが「それぞれのような色に」見えるかを記述して初めて、その光源の光の色を言い表せたことになります。

　舞台照明においては、色を作るのにカラーフィルターだけを使っていた時代は、このことにさほど注意を払う必要はありませんでした。カラーフィルターは白からの引き算で色を作るためのものであり、それを使って色をつける場合は波長成分をマイナスする方向にしか働きません。また、そうしてカラーフィルターで色をつけた光を、逆にどれだけ足し合わせても、元の光源に含まれていない波長成分が新しく生じることはあり得ません。光源はカラーフィルター無しの状態（ナマ）が最も明るく、そこからカラーフィルターで色を付けた場合は必ず白から遠くなり、同時に明るさも暗くなります。また、カラーフィルターで色を付けられた光をいくら足し合わせても、元の「ナマ」より白くなることはありません。しかし、フルカラーLED光源が登場して以降は、そのような前提が通用しなくなり、注意しなければならない点が新たに増えました。これについては第7章でまた取り上げます。

2-6　影

　影とは、光が物にあたっている時に、反対側に物の形が暗く現れる現象ですが、これはつまり「光が物によって遮られてあたっていない部分」のことです。影は三つの要素、「光源」、「物体」、「面」によって生じます。面を照らす光源があり、その間に物体がある時、面に物体の影が現れます。光は直進するため、面に物体の形の影が出現するわけです（図23 P.34）。

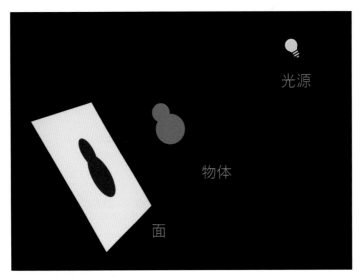

図23　影が生じる仕組み

① 影の大きさ

　影の大きさは、光源の大きさが十分に小さい場合、光源・物体・面の互いの距離で決まります（図24）。

影の大きさ（G）＝ 物体の大きさ（H）× 光源と面の距離（L）÷ 光源と物体の距離（M）

　光は光源から放射状に拡散しますので、影の大きさは影を作る物体よりも必ず大きくなります。ただし天体（太陽や月）が光源の場合、光源までの距離がとても遠く、それとの比率で言えば物体と面との距離は無視できるほど近いとみなせるため、上の式で計算してもわかる通り、影の大きさは物体の大きさと同じになります（図25）。

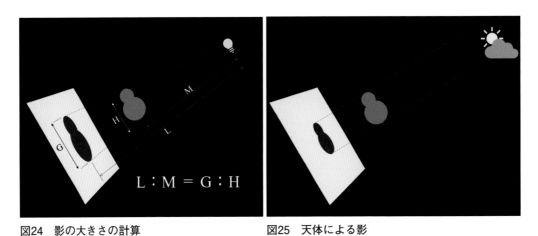

$$L : M = G : H$$

図24　影の大きさの計算　　　　図25　天体による影

② 影の輪郭

　光源が仮に点光源だと仮定した場合、影の輪郭はクッキリとしたものになります。しかし実

際には、あらゆる影の輪郭は多かれ少なかれ「ぼけて」おり、それは光源の大きさ（見かけの大きさ）に関係します。光源の大きさが小さい（点光源に近い）ほどクッキリした影ができ、光源が大きいほど輪郭がぼけた影になります。また、物体と面が近いほどクッキリした影ができ、物体と面が遠いほど輪郭がぼけた影になります。影の輪郭のぼけている部分は、面のその位置から光源を見た時に、物体によって光源の一部が隠されている状態になっています（図26）。

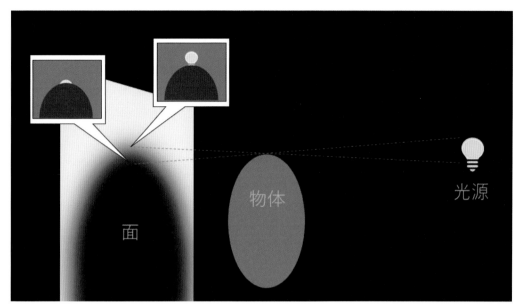

図26　影の輪郭がぼける仕組み

　影がどの程度ぼけるかは、図26を幾何学的に分析すれば、次のように計算できることがわかります。

　　影の輪郭のぼけ幅 ＝ 光源の大きさ × 物体と面の距離 ÷ 物体と光源の距離

　ちなみに、

　　太陽の見かけの大きさ （rad） ＝ 太陽の大きさ ÷ 太陽までの距離

rad：ラジアン　（π rad ＝ 180°）

なので、これを先ほどの式にあてはめると、光源が太陽の場合は、

　　太陽による影の輪郭のぼけ幅 ＝ 太陽の見かけの大きさ × 物体と面の距離

となります。

　実際には太陽の見かけの大きさは約0.009radなので、直射日光による影の輪郭は、面と物体の距離の約100分の１のぼけ幅があるということになります。

図27は、直射日光によって道路面に生じた電柱の影と、それを撮影している筆者自身の影が並んで写っている写真ですが、道路面からの距離の違いによる影の輪郭のぼけ幅の違いが観察できます。筆者（人物）の影は道路面からたかだか2m以内の距離なので比較的はっきりとした輪郭の影なのに対し、10mぐらい上空にある電柱や電線の影は輪郭がぼけていることがわかります。

図27　影のぼけ方の違い

③ 影の数と色

　複数の光源が面を照らしていて、その面の前に物体を置いた場合、面には光源と同じ数の影が生じます。光は直進することから、光源－物体－影は常に一直線になるので、異なる位置にある複数の光源で一つの物体を照らした場合、面上の異なる位置に影が生じます。その結果として光源の数と同じ数の影ができることになります。

　図28は二つの光源により影が二つ生じている例です。

図28　二つの光源による二つの影

この時、光源が色光を発していれば、影にも色がつきます。影の色は、物体によって遮られている光源を除いた他の光源によって作られる色になります。

　たとえば、青、緑、赤の三原色の光を面にあてた場合、面全体は三色が合わさって白色に照らされますが、その前に物体を置いて影を生じさせると、色のついた影が三つ生じます。赤の光源に対する影はシアンに、緑の光源に対する影はマゼンタに、そして青の光源に対する影は黄色になります（図29）。

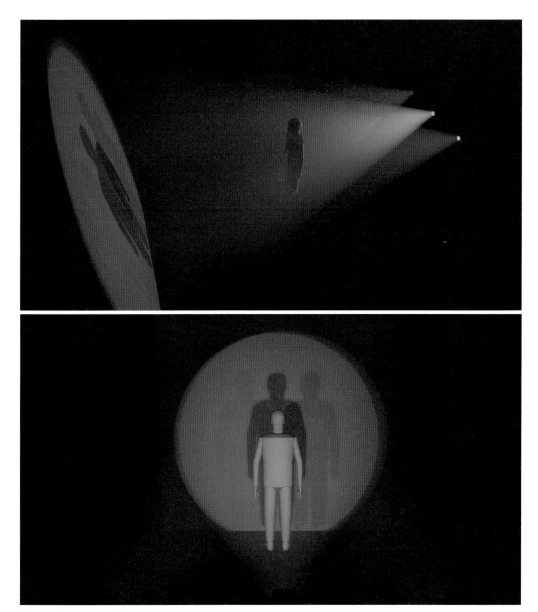

図29　色のついた影

第3章

光によるイメージ

　前章では、光とそれに照らされた物（＝被照体）の見え方の関係、光の色や物の色、そして影といった、舞台照明に深く関係しそうな物理現象について解説してきました。

　光には、物体を照らし出す他に、もう一つ重要な働きがあります。それは「イメージの生成」という働きです。本章では、この「イメージの生成」についての考察をします。

3-1　投影

　前章の最後に「影」について取り上げました。面に現れた影を見た時、そこに形があるように感じられますが、影そのものは実体物ではありません。影は、物体の形をかたどっていますが、その影が生じている面の上に何かがあるわけではありません。影は単に「光のあたっている部分とあたっていない部分」の差が作り出す幻影（イメージ）に過ぎません。

　光源から発した光が空間を拡散しながら進む中、その進路上に何らかの物体が存在すれば、光はそれにぶつかります。不透明な物体にぶつかった光はそこで反射するか、あるいは物体表面に吸収されますが、物体にぶつからずに近くをかすめて通過した光はそのまま直進を続けます。つまり物体を越えた光は、その物体の形に「切り抜かれ」ています。そして切り抜かれた光が空間をさらに進む先に、平らな面があれば、切り抜かれた光の形がその面の上に現れ、それが「影」として見えます。

　影の性質を利用した表現で「影絵」というものがありますが、影絵の演者は、光の「切り抜き方」をコントロールすることで光の形を変化させ、それによって、その先の面に現れる影の形をデザインしている、ということが言えます。

　また、映画などのように、プロジェクターを使ってスクリーンに絵柄を出す「映写」という手法は、影絵とは少し原理が違いますが、光の形をコントロールすることで面に照射される絵柄を作っているという点では共通しています。これら「投影」（影絵や映写）の手法においては、意図的に作られた「光の形」が平らな面にあたることによって絵柄が現れ、それが「表現」となります。ですから、それを見せるための面としては、原則として白い平面（スクリーン）が選ばれます。白く、無地で、平らなスクリーンにすることで、スクリーン自体の存在感が消えます。それによって、光の形（投影される絵柄）が引き立つわけです。

　たとえばあなたの良く知っている人物の写真が、スクリーンに投影されているところを想像

してみてください。それをあなたが見ている時、写真の中に写っている人物こそが存在感を持ち、本当の物理的な実在であるはずの白いスクリーン面の存在は、ほとんど意識から抜け落ちてしまうでしょう。

　P.18で、何らかの物が目に「見える」ためには、

- そこに物がある
- その物が光に照らされている

という二つの条件が必要だということを述べました。また逆に、物が存在して、それが照らされることによって、光がそこにあるということが認識される、ということも説明しました。

　ところが、スクリーンに絵柄を投影し、それに注目している時は、光で照らされている物（スクリーン）も、光を発している光源（プロジェクターや映写機）も、どちらも存在が意識されなくなってしまい、絵柄の中に写っている人や物だけが「見える」ように感じられます。たとえば、サッカーボールの写真をプロジェクターでスクリーンに投影すると、ボールは円形の図形としてスクリーン上に現れますが、それを見ている人には「面」でも「円」でもない、ボールの「球体」が感じられます。しかし、そこには球体は実在しません。そこに実在しているのは、光源であるプロジェクターから発せられた光と、白くて平らなスクリーン面だけです。

　つまり、このような「投影」の場合の光の働きは、実在している物（スクリーン）を見せることではなく、光の形によって作られる「イメージ」を見せることだと言えます。このようなイメージを本書では「可視イメージ」と呼ぶことにします。「可視イメージ」とは、現実にはその場に物理的には存在していないが、誰の目から見てもそこに「見えているように感じられるイメージ」のことです。たとえば写真の中に写っている人物などがその例です。一般には「イメージ」という言葉は「思い描いたもの・想像したもの」という意味になりますが、本書で「可視イメージ」と言う場合は、個人個人が頭の中に個別に思い浮かべるイメージではなく、その場にいる人全員に共通して見える「像」という意味でのイメージを指します。

　映写機やプロジェクターは、スクリーン面を照らす光を発しますが、この光は、前章で説明したような被照体を照らし出す光とは、明らかに働きが異なります。たとえば映画館の場合、スクリーンに何らかの汚れがついていたとすると、映画を見ている間、その汚れがずっと気になってしまうでしょう。汚れのために実体物であるスクリーンの存在感が目立ってしまうためです。スクリーンは、その表面の色や形にムラが無く、できるだけ平板であることが望まれます。映画のスクリーンとは、それに注目し、それをじっくりと見ることが使用目的であるにもかかわらず、その存在感は消えたほうが良い存在なのです。また、映画で使われている光（映写機から発している）は、スクリーン自体を見せることが目的ではなく、その光自体の中に作り込まれている「イメージ」を見せることが目的となっています。このように、被照体を照らし出す光と、イメージを見せる光とでは、働きが全く異なることがわかります。

　舞台の古典的な技法である「ホリゾント」も、スクリーンと同様に可視イメージを見せるた

めの仕掛けだと言うことができるでしょう。ホリゾントは基本的にホリゾントライトにより色を染めて使用します。またGOBO（図37 P.48 参照）やエフェクトマシンなどを使って絵柄をホリゾント面に投影することもあります。あるいはスポットライトの光をホリゾント面に沿って走らせて光の形を見せる「ホリサーチ」という手法もあります。それらいずれも、ホリゾントという面の存在を観客に意識して欲しいわけではありません。むしろ逆で、ホリゾントの面自体の存在を感じさせずに、そこに染められた色や、投影された絵柄、形などを見せることが目的です。これらの手法においても、光によって照らされる物理的な対象はホリゾント面なのですが、見せたいのは実在している面そのものではなく、光によって面の上に現れる「可視イメージ」です。

　ちなみに、「プロジェクション・マッピング」という比較的新しい表現手法がありますが、これは、平板なスクリーンではなく形のある立体物の表面を投影面とし、その面の輪郭と同じ形の映像をそこに投影するという手法です。投影光を真っ白な光にすれば投影面になっている立体物がそのまま照らし出されますし、作り込んだ映像を投影すればそれが立体の表面に映写されます。投影する映像の形を、投影先の立体表面の輪郭にぴったり合わせることによって、映像の中に作り込まれた“可視イメージ”と、投影光によって照らし出される実体物の“表面”とが混じり合って見えるような効果が生まれます。その両者の見え方のバランスを変化させることによって、独特の表現が作り出されます。これは、光の持つ二つの働き、つまり前章で説明した被照体を照らし出す働きと、本章で説明している可視イメージを作り出す働きとを融合させた、新しい発想の表現手法だと言えます。

3-2　ビーム

　前節で解説した「投影」は、光源から発せられた光を平面にあてることで、その「光の形」を見せる手法だと捉えることができます。「光の形」を見せるもう一つの方法として、煙や霧のような微粒子を光の進路に漂わせて空間の透明度を下げるという方法があります。空間に煙を漂わせるために舞台では「スモークマシン」が使われます。スモークが充満した空間で照明を点灯すると、光が通る場所にある煙の粒子が明るく照らされるため、光が通過している進路を視覚的に見ることができます。細くて明るい光を煙の中に走らせると、光の通り道が線のように現れます。このように光の通り道として見える線（正確に言うと立体）を舞台の世界では「ビーム」と呼んでいます。

　ビームを見せる照明演出は、特にコンサートで多く使われています。規則的に配置されたライトから発したたくさんのビームが舞台全体を埋め尽くし、それが音楽のリズムに合わせて色や形を変えながら、ダイナミックに動く様は、見ていて実に迫力があります。

　光源のライトの向きが変わることによって、煙の中を走るビームが大きく動くように視覚的には感じられます。しかし実際には動いているのはライトだけで、ビームは、動いているように見えるだけです。空間の中にある実体物は何も動いていません。ビームを見せている煙の微

粒子そのものは静止しており、そこに光が「あたるか、あたらないか」の状態が変化しているだけです。

　つまり、ビームも実在物ではなく「可視イメージ」の一種であるということが言えます。先ほど、面への"投影"で見えるのは「可視イメージ」だという説明をしましたが、ビームもそれと同種のものだと考えることができます。サッカーボールの写真をスクリーンに投影した時には、そこに球体の存在が感じられますが、実際はそこに球体は無く、存在しているのは平らなスクリーン面だけです。同様に、スモークと光によってビームが生じている時、それは線や立体のように感じられますが、実際はそこには線も立体も無く、存在しているのは煙の微粒子だけです。

　平面への投影の場合、たとえばスクリーンに動画が投影されているとして、動画内の人物や景色がいくら激しく動いるように見えるとしても、物理的なスクリーン面は全く動いていません。そこで動いているように見えるのは「可視イメージ」であり、実体物は静止しています。ビームについても似たようなことが言えて、充満したスモークの中でライトの光を点けたり消したりしながらさまざまな方向に向ければ、その光が作るビームが現れたり消えたりしながら空間を縦横無尽に動いているように見えます。しかし、そこに浮いている煙の微粒子という実体物は、全く動いていないし発生も消滅もしていません。現れたり消えたり動いたりしているように見えるのは、ビーム、すなわち可視イメージであり、実体物である煙の粒子はただそこに浮かび続けて、光で照らされるのを待っているだけです。

3-3　光源の配置

　光によって「可視イメージ」を見せる方法として、光の形を平面にあてて見せる「投影」と、空間の透明度を下げて光の形を見せる「ビーム」を説明しました。

　光で可視イメージを見せる方法は、あともう一つあります。それは、「光源の配置」です。小さめの光源を恣意的に数多く並べると、それら全体が可視イメージを作り出します。わかりやすい例としては、いわゆる"電光掲示板"や、大都市のビルの側面に設置された大画面などがあります。それらは、近くに寄ってみるとわかりますが、小さな光源がぎっしりと並んだもので、それら一つ一つの小さな光源の明るさや色が制御されることにより、全体として可視イメージを映し出します。映し出される可視イメージに注目すると、その素材となる小さな光源一つ一つは見えなく（意識されなく）なります。物理的に見えているのは一つ一つの光源であるはずなのですが、「見えている」と感じるのは点が組み合わさって作られる「可視イメージ」のほうです。他の例としては、身近にあるテレビやパソコン、スマートフォンなどの画面も同じ仕組みです。これらの画面はミクロの眼で見れば小さな光の点がたくさん集まったものですが、それら細かい光の点は全く意識されず、それらの点の組み合わせによって作り出された可視イメージのほうが「見える」と感じます。

　また、夜空に打ち上げる"花火"や、立木の枝に豆球を飾る"イルミネーション"なども、

小さな点状の光の配置によって可視イメージを作り出している例と言えるでしょう。一つ一つの光源は可視イメージを作り出すための部品に過ぎず、それら小さな光源の配置によって形作られる全体の可視イメージこそが、そこで見えているものです。打ち上げ花火は、上空で破裂した時に丸や柳などの形が現れます。しかし、その形の物がそこに実際に存在するわけではありません。現実に存在しているのは巧妙に配置された多数の小さな火であり、一つ一つの火と火の間は何もないただの空間です。丸や柳などの形は、現実には存在しない「可視イメージ」に過ぎません。

　舞台でも、多数の光源を円形や直線状など幾何学的に配置する手法が特にコンサートなどでよく使われます。それによって見せたいのは一つ一つの光源と言うよりは、それらの配置から感じられる「円形」や「直線」といった形状です。あるいは、広々とした空間に小さな光源を多数ちりばめて埋め尽くして見せる手法もあります。その場合も、一つ一つの光源に注目して欲しいのではなく、たくさんの光源で「埋め尽くされている空間」を感じさせることが目的です。実際には空間は埋まっているわけではなく、隙間だらけです。しかし、先ほどの花火の例と同様、十分に多くの光源を配置することにより、間の何もないはずの空間も、なんとなくつながって「埋まっている」ように感じさせる効果を作り出すことができます。それら「円形」、「直線」、「埋め尽くされている空間」などは、いずれも可視イメージ（＝物理的な実在ではない）と言えます。

3-4　照明でできること

　本章では、光による可視イメージの生成について、「投影」、「ビーム」、「光源の配置」という三つの形態を解説しました。これらと、前章までの考察を合わせると、光による視覚的な働きを下記のように整理することができます。

光による視覚的な働き
　実体物を見せる働き
　　●実体物（被照体）を照らし出して見せる
　　●半透明の物を背後からの光によって透かして見せる（ランプを内蔵した看板など）
　可視イメージを見せる働き
　　●投影により可視イメージを見せる（影絵、映写、ホリゾントなど）
　　●ビーム（立体的な可視イメージ）を見せる（スモークの効果）
　　●光源の配置により可視イメージを見せる（花火、イルミネーション、テレビ画面など）

　これを、舞台上の事象に当てはめれば、それがそのまま、光による舞台効果の一覧になります。すなわち、

光による舞台効果

　出演者や舞台セットを見せる働き

　　　●出演者や舞台セットを光で照らし出す

　　　●光が透ける素材（セットや衣裳）を、背後からの光によって透かして見せる

　可視イメージを作り出して見せる働き

　　　●投影：色や絵柄をホリゾントやパネル面などに出す。プロジェクターを使って写真や動画を投影する

　　　●ビーム：スモークを充満させておき、光のビームを見せる

　　　●光源の配置：器具や電球（光源）を客席から見えるように恣意的に配置して空間を埋める。モニタ画面やLEDパネルなどの発光画面に写真や動画を映し出す

　このうち、写真や動画を映し出す効果は、専門分野としての「舞台照明」には含まれません。それらは「照明」ではなく「映像」による効果に分類されます。それらを取り除き、この一覧をもう少しまとめて記述すると、「舞台照明でできること」が、下記のように整理されます。

　舞台照明でできること

　　１．舞台上に実在する人や物を光で照らして見せる（前からあてる or 裏から透かす）

　　２．舞台上にある面を使って二次元の絵柄を見せる

　　３．スモークを使って三次元のビームを見せる

　　４．光源を見えるように配置して空間を埋める

　ここではまだ、舞台照明の意味や目的とは無関係に、あくまで使える「手段」を列挙したに過ぎないということに注意してください。舞台照明が舞台上の視覚表現に関与する方法として、上記の四つの手段があるということです。舞台照明は、これら四つの手段を使うことによって舞台表現の視覚領域に参加します。現在の舞台照明で作られるすべての光は、この四つの手段の内のどれかに必ず該当すると言って良いと思います。

第**4**章

舞台照明の機材

　第2章では照明に関係する物理現象や人の視覚機能といった事柄について解説しました。続く第3章では、光による可視イメージの生成についての解説をしました。これらを予備知識として、本章では舞台照明で使われる照明機材について、少し詳しく解説します。

▌ 4-1　フラッドライト

　照明器具（光源となる機材のことを「器具」と言います）の最も古い形態と考えられるのは、現在「フラッドライト」と呼ばれているものです。舞台機材で言うと「ボーダーライト」（図30）や「ホリゾントライト」などがフラッドライトの例ですが、生活空間（オフィスや家庭など）で使われている天井灯なども、ここでの分類でいえばフラッドライトになると考えられます。フラッドライトとは、レンズなどで集光せず、光源である電球（ランプ）から出た光をそのまま広く拡散させるタイプのライトを指します。ただし舞台用の機材の場合は、そのまま広くとは言っても360度全方位ではなく、基本的に片側に反射鏡を設けて一方向のみに光が広がるような作りになっています。

　いずれにしてもフラッドライトは、ランプがそのままむき出しか、せいぜいその片側を隠し

図30　フラッドライトの例（舞台上部のボーダーライト）

て簡単な反射鏡をつけただけの単純な構造をしており、照明の最も基本的な目的である、暗い場所を単純に明るくする＝カバー（Cover）することのために作られた、最も古いタイプのライトだと考えられます。

4-2　スポットライト

　ランプの光をレンズで集めて、限られた場所に明るい光を照射できるようにした構造のライトを「スポットライト」と言います（図31）。

図31　スポットライトの例

　スポットライトのランプ（光源）はフラッドライトと違い、ほぼ全体が筐体に囲われており、ランプから出た光の内、レンズを通るものだけが外に照射される仕組みになっています。レンズから円形（立体で考えるなら円錐形）に光が照射されます。ランプはレンズの近く（焦点距離以下）に配置され、ランプとレンズを近づけたり遠ざけたりすることにより、照射する光の大きさを調整することができるようになっています。

　フラッドライトが広い範囲をまんべんなく明るくすることが目的であったのに対し、スポットライトは意図した特定の範囲のみに光を照射することを目的としています。そのためにスポットライトは横方向と縦方向（PAN／TILT）に向きを調整できるようなヨーク（アーム）を構造として持っています（図32）。

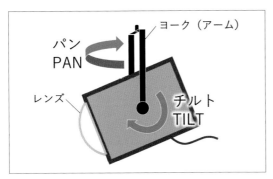

図32　スポットライトの基本構造

また、スポットライトを使用する際は、光の向きと照射範囲（大きさ）を目的に応じて調整し固定する作業が伴います。この作業をすることを「フォーカスする」「シュートする」「あたりをとる」などと表現します。

　スポットライトのレンズは、凸レンズ、またはそれとほぼ同等の働きをするフレネルレンズが使用されます（図33）。どちらかというとフレネルレンズは広い照射角度が求められる短距離用として、凸レンズは遠くまで光を飛ばす遠距離用として使われる傾向があります。

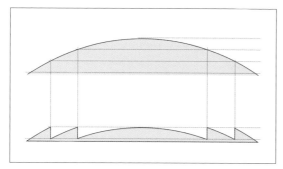

図33　凸レンズ（上）とフレネルレンズ（下）の断面　※概念図

　また、フレネルレンズは裏面に拡散用の凹凸加工を施して、照射範囲の輪郭がぼんやりと柔らかくなるようにしたものが多く使われます。図34は、フレネルレンズを備えた器具を近くで撮影したものですが、フレネルレンズの特徴である同心円状の凹凸（表面）と、拡散用の格子状の凹凸（裏面）が観察できます。

図34　フレネルレンズの凹凸

　スポットライトが登場したばかりの頃は、舞台の主要な照明は依然としてフラッドライト（ボーダーライトとフットライト）であり、スポットライトは限られた対象のみを照らすこと＝ピックアップ（Pick Up）を目的としていました。しかし、後に舞台全体を広く照らす目的（Cover）にもスポットライトが使用されるようになり、全体的に舞台がより精密な光で満たされるようになりました。

4-3 プロファイルスポットライト

　前述のスポットライトと似ていますが、ランプをレンズの焦点距離より遠くに配置し、ラン
プとレンズの間にある焦点面を照射先に結像させる仕組みになっているスポットライトを「プ
ロファイルスポットライト」と言います（図35）。

図35　プロファイルスポットライトの例

　プロジェクターなどと同じ原理により、焦点面（それはだいたい筐体の中央付近になる）に
置かれた形を照射先に投影することができます（図36）。焦点面に備えられたフレーミングシャ
ッター（羽根）を使って四角形の光を照射したり、絵柄を切り抜いた金属板＝GOBO（図37
P.48）を焦点面に差し込んでその絵柄を照射先に投影したりといった使い方がされます。プロ
ファイルスポットライトは、ランプの後ろ側に「回転楕円面」（エリプソイド）の反射鏡が使
われているので「エリプソイダルリフレクタースポットライト」（略してエリスポ）とも呼ば

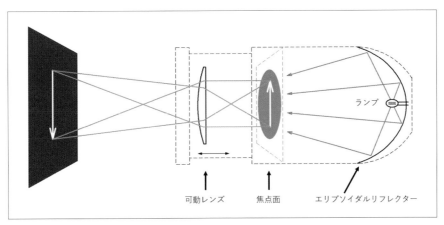

　　　　　　　　　　　　可動レンズ　　焦点面　　エリプソイダルリフレクター

図36　プロファイルスポットライトの構造

れます。

　プロファイルスポットライトにより、木漏れ日や窓枠の影など、さまざまな具体的な形の光を作ることができます。前章の解説に沿った言い方をするなら、「投影による可視イメージ」を作る機能を備えたライトだということができます。その意味で、プロファイルスポットライトは写実的な舞台表現の発展に大きく貢献したと考えられます。

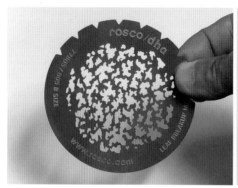

図37　GOBOの例

4-4　PARライト（およびビームスポットライト）

　ランプの光を一方向に集める手段として、レンズの代わりに凹面鏡を使う方法が考えられます。放物面（パラボラ）の形の凹面鏡の焦点にランプを置くと、近似的に平行光線を作ることができます。このような原理のライトは「ビームスポットライト」と呼ばれます。

　なかでも、ランプとミラーを一体化させたものを「電球」とした「PAR（パー）ライト」（PAR=Parabolic Aluminized Reflector）が、大変に数多く普及しました（図38）。

図38　PARライトの例

PARライトはミラーとランプの位置関係が製造時に完全に固定され、しかもそれら全体が密閉されているので、光学構造的に大変安定しているのが特長です。その代わり、光の大きさや形は固定されていて、調整することができません※。他のタイプのスポットライトは、ランプやミラー、レンズなどに可動部分を含んでおり、また放熱のため筐体に通気性があるので、使用するうちに光軸のズレやホコリの付着が生じ、次第に明るさや配光にバラツキが出てきます。

　それに対してPARライトは、交換部品である「電球」（図39）が、部品としては高価ではありますが、照明器具としての機能の大部分を占めるため、ある程度の期間使用しても光の質の劣化がほとんど生じません。

図39　PARライトの「電球」

　また、PARライトは光のロスが少ないため消費電力の割に明るく、スモークの中でクリアに揃った多数のビームを効率よく作り出せるので、ムービングライトが普及する前の1990年代のコンサートでは大量のPARライトが使用されていました。コンサートに限らず、舞踊や演劇でも、PARライトの明るくてシャープな光を好んで使用する照明家は数多くいます。

※PARライトの照射光は円形ではなくやや細長い。電球を回すことによりその軸の向きを変えることだけは可能。

4-5　各種の機材の使い分け

　ここまでで、舞台用の照明器具を4種類解説しました。現在使用されているすべての舞台照明器具は、光学的な構造だけで考えるなら、大きく分けてこの4種のどれかに分類されると言って良いと思います。

- フラッドライト（集光する構造なし）
- スポットライト（凸レンズやフレネルレンズを1枚備え、その焦点距離内に光源ランプを配置することで照射光の大きさが調整可能）
- プロファイルスポットライト（レンズの焦点距離外にランプを配置し焦点面を結像させる構造）
- PARライト（レンズではなく放物面反射鏡によって集光する）

これはあくまで光学的な構造による分類です。光学以外の、たとえば発光原理（ハロゲン、放電、LED）や機械的な機能（ムービング構造、混色による色光など）によっても照明機材は分類できますが、それらの話題は第7章以降で取り上げます。

照明器具がこのように多種多様にあるのは、その特徴の違いにより、どんな使用目的が向いているか／向いていないかが異なるためです。

たとえばフラッドライトは集光する構造がないので、舞台上の特定の対象だけを明るくする（Pick Up）には向きませんが、広範囲を均一に照らすとか、光源そのものを見せる目的には向いていると言えるかも知れません。

あるいは、プロファイルスポットライトは焦点面を結像する構造なので、さまざまな光の形を投影することができる反面、照射光の大きさを調整することはどちらかというと苦手（ズームレンズを備えている場合にのみ若干可能）なので、舞台全体を明るくする（Cover）目的で使用するのはやや難があります。

また、「ビーム」を見せるには細くて強い光を照射するPARが基本的には向いていますが、GOBOの入ったプロファイルスポットライトもそれなりに面白い形のビームを生成します。このように、それぞれのライトはその特徴に応じて向いている使い道があります。各種の機材の向き／不向きを大雑把に表にまとめると図40のようになります。

	フラッド	フレネル	凸	PAR	プロファイル
光源の配置	◎	△	△	△	△
Cover	○	◎	○	×	△
Pick Up	×	○	◎	△	○
ビーム	×	○	◎	◎	○
投影	×	×	×	×	◎

図40　各種の機材と使用目的

4-6　カラーフィルターと色のボキャブラリー

舞台ではさまざまな色の光が使われます。色のついた光を作るには、図20（P.28）のような「カラーフィルター」を器具に装着します。いくつかのメーカーによって数百色に及ぶカラーフィルターが販売されており、いずれのメーカーも番号で色を表す方式を採用しています。

照明家が色について考える場合に、無限に存在するとも言える色をそのまま捉えているかというと、実際はそうではありません。現実的には、使い慣れた有限の数の色を「ボキャブラリー」として記憶している照明家がほとんどであろうと思います。多くの照明家は、普段から自分が「よく使う色」をカラーフィルターの色番号と対応させる形で数十色程度記憶しています。実際に色を決める際はそのボキャブラリーの中から選んで色を決定していると考えられます。照明家はそのような「色のボキャブラリー」を持ち、舞台上の機材の色を自分の「知っている」色にあてはめる形で色を決定しているのだと思います。たとえば筆者の場合は、だいたい

50種類ぐらいの色をカラーフィルターの色番号と対応づけて記憶しています。

　カラーフィルターの"色"と"色番号"との関係は、フィルターのメーカーが自由に付番しているのが実情ですが、日本国内のメーカーの場合は、前出の遠山静雄博士によってかつて提案された、色相に基づく系統だった番号が現在でも踏襲されています。遠山博士の提案した色番号は、全色を2桁の数字で示すこととし、色相を八つに分け、

　　　10番台：ピンク
　　　20番台：赤
　　　30番台：橙（アンバー）
　　　40番台：黄
　　　50番台：緑
　　　60番台：青緑
　　　70番台：青
　　　80番台：紫

とするものです（『舞台照明学』下巻 P.154）。

図41　各種ライトのシミュレーション：奥から、凸、フレネル、PAR、GOBO入りのプロファイル

第5章

舞台照明の作成手順

　前章では、舞台の上に多種多様な光を作り出すための各種のライトやカラーフィルターについて解説しました。では、そのような多種多様の光を、どうやって舞台照明にしていくのでしょうか。本章では、"光"を材料にして"照明"を作る、その手順の概要を解説します。

　本章で想定するのは、下記のようなライトです。

- ●タングステンのフィラメントを持つランプ（電球）を光源とする
- ●供給する電源を調整することにより明るさ（点け消しを含む）を制御する
- ●カラーフィルターで光に色をつける

　このような種類のライトのことを、それ以降に登場するムービングライトのような多機能ライトと区別して「コンベンショナルライト」と呼びます。ちなみに、第4章の説明の中で写真で例示した各種の機材（図30、図31、図35、図38）は、すべてこのコンベンショナルライトに分類されます。

　舞台照明は、このようなコンベンショナルライトのみで作られていた時代が長く（電気照明が始まった当初から1990年代半ば頃まで）、照明を作る際の考え方や手順がその時期にだいたい確立されました。それらの考え方や手順は、ムービングライトやフルカラー LEDライトが混在するようになった現在では、必ずしも最も合理的な方法とは言えなくなっているかも知れません。しかし、いまだに照明家たちの考え方のベースには、コンベンショナルライトの時代に確立されたものが通底していると筆者には感じられます。そこで、まずはコンベンショナルライトを前提とした照明の作り方について、解説を進めたいと思います。

5-1　光の七つのパラメータ

　1台のライトによって発せられた、一つの「光」を想像してください。それはいったい、どんな光ですか。そう問われた時、光をどう言葉で記述すれば良いのでしょうか。頭に浮かんでいる一つの光があるとして、それを現実世界に実現させるには、何を定める必要があるのでしょうか。あるいは、光のどんな要素を言えば、一つの光のすべてを記述できたことになるのでしょうか。

光を記述するための変数はどのようなものか。これについては、着眼点によっていくつかの考え方があり得ると思いますが、筆者は、一つの光を記述するための変数は次の七つであるという説をとっています。

(1) 光源（発光面）の形・大きさ（＝ライトのタイプ）
(2) 光源の位置
(3) 光を照射する向き
(4) 光の大きさ（照射範囲）
(5) 光の形（フレーミングシャッター、バンドア、GOBOなど）
(6) 光の色
(7) 光の強さ（明るさ）

照明デザイナーは、使用するすべての光に対して、これら七つのパラメータを決定することが求められます。

コンベンショナルライトにおいては、接続される配線は一本の電源線のみです。その電源線に供給される電源電圧によって、(7)明るさ（点け消しを含む）が上演中に操作されます。その他の要素、すなわち(2)位置、(3)向き、光の(4)大きさ、(5)形、(6)色は、セッティングの時に調整・固定するしかなく、あとから遠隔で動かすことは基本的にできません。

舞台作品が上演される時、照明（光）はどのようになっているでしょうか。開演から終演まで、いくつもの光が点いたり消えたりしながら進行している、そのように観客は感じていると思います。それはその通りですが、それら一つ一つの光は、行き当たりばったりで点いたり消えたりしているのではなく、照明デザイナーがあらかじめ決めた順序やタイミングに従って点け消しが行われています。

舞台の光は、単一の光ではなく複数の光の組み合わせによってできています。照明デザイナーが舞台の光を作る際には、一つの光だけで考えることはあまりなく、基本的に複数の光が合成された時の見え方で考えます。一つの光だけで舞台の見た目が良好に成立することはまれで、舞台のどの場面でも、大抵は同時に複数の光が必要になります。つまり、複数の光のバランスによって全体の見た目を成立させるのです。このような、同時に点いている複数の光のまとまりを、照明の「シーン」（またはキュー）と言います。

前述したように、観客にとっては「舞台はいくつもの光が点いたり消えたりしながら進行する」と感じられます。このことを、照明デザイナーの観点から「シーン」という言葉を使って言い換えるなら、「舞台はいくつもの照明シーンの状態を経由しながら進行する」ということになります。

舞台の照明は、場面ごとの照明シーンで構成されています。一つのシーンは、上述したように基本的に複数の光が合成されたものです。そして、その光一つ一つは、前述の七つのパラメータによって決定されています。各場面の照明シーンは、上演時間の経過とともに順に実行

（再生）され、その結果として、「いくつもの光が点いたり消えたりする」ように見えるわけです。それらの照明シーンすべての集合が、一つの作品の照明だということになります。階層構造として描くと図42のようになります。

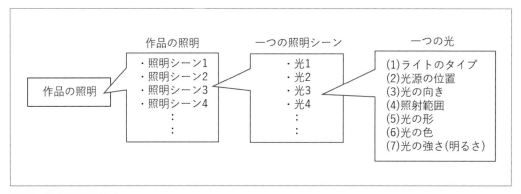

図42　舞台照明の構造

　つまり、一つの作品の照明を決定するということは、その作品に含まれるすべての照明シーンを決定することを意味します。一つの照明シーンは複数の光で構成されていて、その光の一つ一つは七つのパラメータで定まっています。ですから結局、作品の照明を作る作業とは、この七つずつあるパラメータを、全シーンの、すべての光に対して割り出すことだと言うことができます。

5-2　コンベンショナルライトによる照明設計の考え方

　では、ごく簡単に模式化した作品を例にして、もう少し具体的に解説していきます。

　前述したように、作品の照明を決定するとは、開演から終演までの全シーンにわたり、各シーンで使用するすべての光について、それぞれ七つずつあるパラメータを決定することを意味するのでした。

　作品の照明は「シーン」の集まりだと考えられるので、まず、照明のシーン（場面）が作品の中でいくつ必要かを割り出します（図43）。これはあくまで照明としての場面であり、舞台の（たとえば演劇の脚本の）場面とは必ずしも一致しません。たとえば脚本では第一場と第二場が違う場面の設定であるとしても、照明は二つとも同じで問題ないということがあり得ます。その場合、照明のシーンとしては第一場と第二場を通して一つになります。逆に、脚本の設定としては一つの場面だとしても、時間経過によってだんだんその場所が日暮れとともに暗くなるといったことを照明の変化として見せたいとすれば、この一つの場面の中で少なくとも二つの照明シーンが必要になります。二つというのは、変化する前の状態が一つと、変化を終えた状態が一つの、計二つです。一つ目のシーンから二つ目のシーンへ、直線的に徐々に光が変化すれば良いと判断される場合、変化を見せるための照明シーンはこの二つだけで済みます。しかし、直線的な変化では途中の光の状態が思わしくない時、第三のシーンを経由して変化する

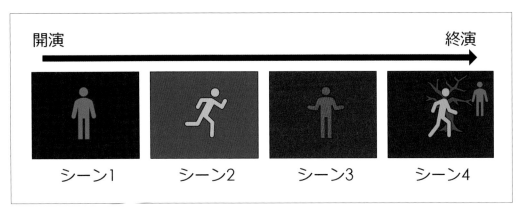

図43　シーンの数を割り出す

ということにしたほうが良いという判断もあり得ます。しかし、実際には、変化途中の光まで細かくデザインすることが必要となる局面は、そうそうはありません。ですから大まかな理解としては、作品中の「照明シーンの数」とは、「光が変化せず静止している状態が何回あるか」の回数のことである、と捉えても、大きくは間違っていません。

　照明シーンの数がわかったら、次にそれぞれのシーンがどのような光で構成されるかを考えます（図44）。

◆ 後ろから 白	◆ 真上から全体 ◆ 上手から夕日 ◆ 下手エリア	◆ 全体 赤 ◆ サイド 赤	◆ 全体 青 ◆ 樹木あて 青 ◆ 奥の人物 淡青

図44　各シーンがどのような光で構成されているかを考える

　そのやり方は照明デザイナーによって大きく異なりますが、大雑把に言えば、遠山博士が提唱した照明の「四つの作用」（P.13 参照）：

1）視覚：光の明るさや角度を整えて舞台の見やすさを提供する
2）写実：実在の光を模倣することにより場面設定を現実らしく見せる
3）審美：光の方向や色の工夫により舞台を美しく見せる
4）表現：光の色や明るさを使って心理的な感情などを表現する

の中から、そのシーンで期待される照明作用が何であるかを検討し、その効果を実現させるための光を考える、ということになります。そこで大事なのは、P.43で考察した通り、舞台照明でできることは下記の四つしかないということです。

舞台照明でできること
1．舞台上に実在する人や物を光で照らして見せる（前からあてる or 裏から透かす）
2．舞台上にある面を使って二次元の絵柄を見せる
3．スモークを使って三次元のビームを見せる
4．光源を見えるように配置して空間を埋める

たとえば、「空間全体を明るくする光」というような考え方をついしてしまいがちですが、P.19でも述べたように「空間全体が明るい」と感じるとすれば、それは光が「そこにある物」を明るく照らし出しているということを意味します。ですから、空間全体を明るくする（そのように感じさせる）ためには、その空間の中にある床や壁や家具などといった物を明るくするか、さもなくば空間をスモークで満たして明るい光のビームが見えるようにする、といったことを考える必要があります。このように、舞台の光を設計しようとする際は、その光が何を照らすのかということをしっかりと意識することが重要です。

そういったことを踏まえた上で、たとえば、①全体を明るく感じさせる上からの光、②上手から差し込む夕日色の光、③下手のエリアの登場人物の顔を見せるための前からの光、といった、いくつかの光の組み合わせによって一つの照明シーンが作られることになります。

なお、実際には複数台のライトを合わせて一つの光と考えるケースも多いのですが、そこまで考えると話が複雑になり過ぎるので、本章では「1台のライトによって作られる光を一つの光だと考える」ことにします。

各シーンがどのような光で構成されるかを定めたら、それら一つ一つの光について、それを七つのパラメータに具体化します。たとえば「上手から差し込む夕日色の光」であれば、そのパラメータを下記のように具体化して考えます（これはあくまでも一例です）。

(1) ライトのタイプ：フレネルレンズスポットライト
(2) 光源の位置：上手袖の中に高いスタンドで
(3) 光の向き：舞台の中央付近に向けて
(4) 照射範囲：舞台の奥半分を下手から上手まで幅広くカバーする
(5) 光の形：前側と奥側をバンドアでカットして横に細長い光にする
(6) 光の色：オレンジのフィルター
(7) 明るさ：全体の雰囲気に影響し過ぎないように、存在を感じる程度の明るさ

このように七つのパラメータを明確にすることによって一つの光が定まります。

こうして、シーンを構成するすべての光について、七つずつのパラメータに具体化させる、これを、すべての照明シーンについて完了できたら、その総体が「照明プラン」ということになります。計画段階としてはこれで"完成"です。

　もちろん、照明プランが完成したと言ってもそれはあくまで計画が完成しただけに過ぎません。その計画を、多くのスタッフの力を借りながら実際の舞台上で実現させることができた時に、初めて作品の照明は完成となります。ですから、プランが完成したら次の段階として、それをスタッフが読める形に記述しなければなりません。その記述の方法は、具体的にはどうすれば良いのでしょうか。

　舞台の現場において照明プランを実現させる過程は、大きく三つの段階に分けられます。

　　A．仕込み：機材や資材を目的の場所に設置し固定・結線をする
　　B．フォーカス：光のパラメータの内、遠隔操作ができない変数を調整・固定する
　　C．明かり作り：光のパラメータの内、遠隔操作できる変数を調整・記録する

　各段階において調整・固定されるパラメータはおおむね、
　　A．仕込み：(1)ライトのタイプ、(2)光源の位置、(6)光の色
　　B．フォーカス：(3)光の向き、(4)照射範囲、(5)光の形
　　C．明かり作り：(7)明るさ

となります。この三つの段階に沿った形で照明プランは記述されます。すなわち、プランを記述するものとして作成される資料は下記の3種になります。

　　a．仕込み作業のための資料：(1)ライトのタイプ、(2)設置位置、(6)カラーフィルター
　　　　　　　　　　が記載されている図面　　　　　　　　　＝「仕込図」
　　b．フォーカスのための資料：(3)光の向き、(4)照射範囲、(5)光の形が記載されている
　　　　　　　　　　図　　　　　　　　　　　　　　　　　　　＝「あたり図」
　　c．明かり作りのための資料：(7)明るさを時間的にどう変化させるかが書かれた表※
　　　　　　　　　　　　　　　　　　　　　　　　　　　　　　＝「キューシート」

※一般的に「キューシート」の定義は曖昧ですが、本書では「各シーンでの一つ一つの光の明るさ」と「その変化の
　タイミング」が記載されているものとします。

　これらはあくまで代表的な例として示したものであり、すべての照明プランで必ずこの通りに3種の資料が作られるということではありません。状況に応じて、この例とは違うスタイルの資料が作られることもしばしばあります。また、デザイナーが記憶できる範囲のことであれば資料作成は省略されます。たとえば「あたり図」は多くの場合、紙に描かれた形では作成されません。また逆に、上記の3種以外の資料が作成されることもあります。プランをどのよう

な形態で記述するかは、明確な決まりはなく、その方法はデザイナーの工夫次第だと言って良いでしょう。

　プランが記述できたら、次の段階は現場で実際に照明を作る作業になります。プランに沿って、まず［A. 仕込み］が行われます。この仕込みを行う過程で実際に使う機材＝(1)ライトのタイプと(2)設置位置が確定していきます。基本的には作成された仕込図（図45 参照）に基づき設置作業が行われますが、デザイナーがその場の状況に応じて細かい修正を加えることも少なくありません。(6)色＝カラーフィルターも大抵はこの段階で装着されます。

　［A. 仕込み］が完了したら、次に［B. フォーカス］の作業となります。

　フォーカス（シュートとも言う）とは1台1台のライトの(3)向き、(4)照射範囲、(5)光の形を調整し固定する作業のことです。フォーカスの作業のためには下記の2点が必要です。

　　●対象の機材を点灯して、その光の状態がよく見える環境にすること
　　●対象の機材の(3)向き、(4)照射範囲、(5)光の形を調整する作業員を配置すること

　対象機材を点灯するためには、そのための配線が正しく完了している必要があります。その光の状態が良く見えるためには、他の光を消して周囲を暗くするといったことが必要になります。また、対象の機材の向きその他を調整するための作業員は、基本的にその機材に手が届く位置に配置されている必要があります。たとえば舞台上部に設置してある機材のフォーカスであれば、機材に手が届く場所（高所の足場など）に作業員が登るなどします。そのようにして、仕込みで設置したすべてのライトについて、1台1台フォーカスが行われます。

　フォーカスまで完了すれば、使用したいすべての光について、(1)ライトのタイプ、(2)位置、(3)向き、(4)照射範囲、(5)光の形、(6)色が決定されたことになり、残る変数は(7)明るさのみです。(7)明るさはただ一つの変動するパラメータであり、公演中の遠隔操作によって意図的に変化させます。この遠隔操作のことを「オペレーション」、操作をする人のことを「オペレーター」と呼びます。

　この段階からが［C. 明かり作り］です。オペレーターは、プランの時点で作成された「キューシート」に沿って、シーンごとに各ライトの(7)明るさを計画通りにまず点灯します。デザイナーはそのようにして実現した実際の光を見て、計画が正しかったかどうかを検証します。実際には、ライトの明るさを机上で正確に予想するのは困難なので、計画された明るさは、ほとんどの場合修正が必要となります。デザイナーは光が意図通りになるよう明るさの修正をオペレーターに指示します。舞台上の光の明るさバランスが満足の行くものになったら、それを(7)明るさの決定値とし、キューシートの記載もそれに沿って修正します。

　このキューシートの修正作業が、「明かり作り」と言われるものです。明かり作りの目的は、「キューシートの記載にしたがって操作すれば意図した照明になる」という状態を作ることです。

　全シーンのすべての光の(7)明るさが決定（キューシートが確定）したら、出演者や他のス

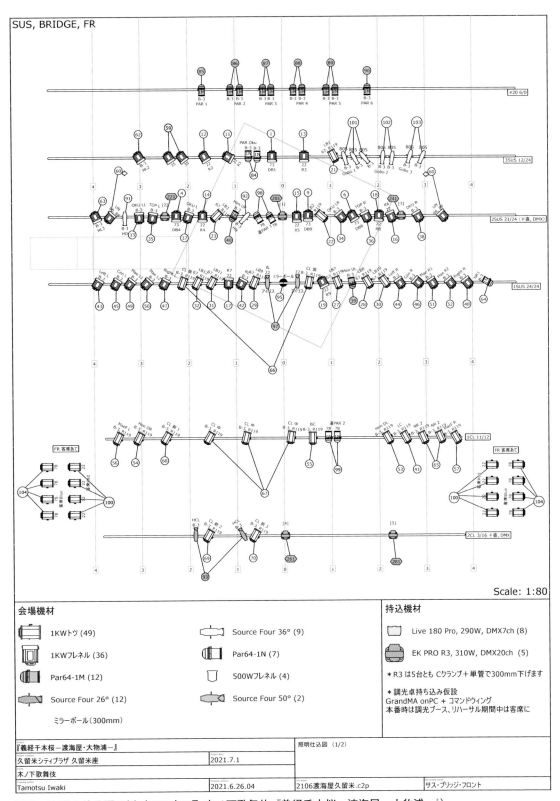

図45　実際の仕込図の例（2021年7月 木ノ下歌舞伎『義経千本桜－渡海屋・大物浦－』）

タッフとのタイミング合わせなどのリハーサルを経て、本番の公演ができる状態となります。

　実際は、これに加え「フォロースポット」という技法が多くの場合に併用されます。フォロースポットは俗に「ピンスポット」とも呼ばれ、舞台正面にある明るいプロファイルスポットライトを上演中にスタッフが操作する手法（およびそのライト）のことを言います。フォロースポットは、横についたスタッフが、その(3)向き、(4)照射範囲、(5)光の形、(6)色、(7)明るさを、上演に合わせて操作します。したがってフォロースポットには「フォーカス」の作業はありません。フォロースポットを操作する人も「オペレーター」の一員に数えられます。フォロースポットの操作内容は、デザイナーが決定します。フォロースポットのオペレーターは、デザイナーの指定に従い、操作すべき内容を記録（ないし記憶）します。

　以上、照明を作る手順について簡単に説明してきましたが、これはあくまで模式的な例であり、作られる資料や行われる手順などは、状況に応じてさまざまにアレンジされます。特に、各段階がどのように進行していくかは実にケース・バイ・ケースで、常に一つの段階が完全に確定してから次の段階に進むとは限りません。進んだり戻ったりやり直したりといった、試行錯誤やフィードバックがたくさん繰り返されながら進行していくことがほとんどです。たとえば、フォーカスの段階になって(1)ライトのタイプを変更したり、(2)設置位置を変更したり、あるいは明かり作りの段階になって(3)光の向きの不具合に気づいて修正したりといったことが、実際の現場ではしばしばあります。

　また、この例では、事前に完全なプランをあらかじめ作成するということを前提にしました。しかし、必ずしも前もって緻密な計画を完全に作成しておくというやり方だけが唯一の方法ではありません。たとえば、あえて計画を事前にはそれほど細かく作らずに、各パラメータの詳細は現場で状況を見ながらその場で判断して決めていくというやり方もあり得ます。

　ただ、どんなやり方をとるにしてもゴールは同じで、開演から終演に至る全上演時間帯について、それぞれの時に使用する、すべての光の七つずつのパラメータが決定されている、ということが目指す到達点です。その状態に到達することが、作品の照明デザインの完成を意味します。

5-3　コレクティブとセレクティブ

　前節の例では、プランを作成する時に、①まず全上演時間を「照明シーン」に分割し、②その各シーンを「光」に分割し、③その光を「七つのパラメータ」によって定める、という手順を説明しました。この手順は、各シーンで求められる光があらかじめ明確である場合には有効です。しかし作品によっては、準備段階ではまだ各シーンで求められる光が曖昧で、現場で色々試すまでわからない、というケースもあります。そういった場合、曖昧なシーンに対して色々試せるように、流動的な照明プランを作るという方法論があります。

　この方法では、まずプランの段階で、さまざまなシーンで使い回せそうな「汎用性の高い光」をいくつも用意しておきます。そして、照明シーンを作る時は、それら汎用性の高い光の

中から、対象のシーンにうまく合うものを選び取ります。そのようにしてシーンごとにベストな光の組み合わせを選び出し、それらを照明シーンとして決定します。

　この方法は、シーンに求められる光を事前に解析するという前節の方法とは考える順序が異なります。しかし、最終的に全シーンに対するすべての光の七つのパラメータを決定することが到達点であるという本質は同じです。筆者はこれら二つの方法論について、前者を「コレクティブ」、後者を「セレクティブ」と呼んでいます。

コレクティブ：各シーンで必要となる光を割り出し、それらを足し合わせたものが全体の照明になるという方法論

セレクティブ：さまざまなシーンに対応できそうな光を事前に数多く用意し、そこからの選択によって各シーンの照明を作るという方法論

　演劇の照明は「コレクティブ」で作られる傾向があり、コンサートの照明は「セレクティブ」で作られる傾向があると言って良いと思います（統計的なデータはありませんが）。いずれにしても、実際の照明プランはこれら二つのどちらかにきっちりと分類されるというものではありません。あらゆる照明プランは、それが作られる過程で、多かれ少なかれこれら二つの方法論の両方が使われています。そのバランスがジャンルによって、あるいはデザイナーによって、いずれか片側に寄ることがあるということです。

第6章

舞台照明の制御

　前章では、舞台照明を作る手順について簡単に解説しました。そこで見てきたように、光の七つのパラメータの内、(7)明るさは特に重要かつ特別な意味を持っています。光の明るさの調整をすることを「調光」と言い、その操作をするオペレーターを特に「調光オペレーター」と呼びます。

　コンベンショナルライトの調光は、ライトへ供給される電源を制御することによって行います。元の電源をそのままライトへ供給すればライトの定格通りの明るさが得られますし、電源を半分の電圧にすれば、ライトの明るさも半分程度になります。また、電圧をゼロに、つまり電源供給を断ってしまえば、そのライトは消えた状態となり、ライトそのものが存在しないのと同じことになります。このように"調光"は、明るさを調整するとともに、その光自体を存在させるかどうかまで決定している、とても重要な要因だということが言えます。

　また、調光の操作は上演の中で出演者や他のスタッフと息を合わせながら行われるものであり、それがどのような機械操作であるかが、照明のデザインにも影響を与えます。なぜなら、どれほど素晴らしい照明デザインだと思えても、オペレーターが操作して物理的に実現できなければ意味が無いからです。もちろん、照明デザインは「表現」の一形態ですから、基本的には何にも、また誰にも制約されずに、自由に作成するものです。しかしそれも、オペレーターによって実現可能なものでなければ「絵に描いた餅」にしかなりません。実現可能な照明のデザインを考えるためには、第2章、第3章で説明したような光に関する知識や、第4章で説明したような機材の知識に加え、本章で解説するような「調光操作」の原理に関する知識も必要になります。

6-1　ディマーと調光卓

　舞台用の調光装置は、現在では可搬型を含めさまざまなタイプのものがありますが、元々は劇場の設備として固定的に備えられているものでした。当初は、電気抵抗や変圧器などを使用した調光装置が使われていました。調光装置は照明用の分電盤の役割を兼ねるため、ある程度舞台の近くに設置されるのが普通でした。電気抵抗や変圧器による調光装置の操作は、抵抗器や変圧器の端子や接点を、ワイヤーや滑車のような機械仕掛けを通じてオペレーターが手で操作する仕組みになっていました。そのようにして、配線ごとに電力供給を手動で直接調整する

仕組みになっていたのです。

　その後、電力供給の調整を、端子や接点の移動ではなく半導体を使ったスイッチングにより行う方法が確立されます。「サイリスタ」という種類の半導体を使用することにより、電力制御を遠隔で行うことができるようになりました。抵抗器や変圧器による調光装置の代わりにサイリスタによる調光器（ディマー）を設置し、それに接続された「信号線」を通じて、遠隔でディマーを制御するのです。遠隔でディマーを操作するための制御装置は、「調光卓」と呼ばれるようになりました。信号線は電源線よりもずっと細く、長距離の配線が比較的容易なため、"ディマー"と"調光卓"は互いに距離を離して設置することが可能です。そのことにより、調光オペレーターは物理的に舞台から離れることができるようになり、それまで舞台の近傍に設置せざるを得なかった調光室（調光オペレーションを行う部屋）は、次第に舞台正面の客席後方に設置されるようになっていきました（『舞台照明学』上巻 P.264～279）。

6-2　チャンネルとパッチ

　ディマーは、1回線で制御できる電流量に物理的な限界があります。複数のライトを一度に点け消ししたい場合、ディマーの許容電流内であれば複数のライトを同時に（電気的には並列で）接続して制御することもできます。しかし、ディマーの許容電流に収まらないほどの多数のライトは、一度に点け消しするとしても、ライトの電流に見合った数のディマーに分割して接続する必要があります。また、電源の電力バランスの理由から使用できるディマーが限定される、といったケースもあります。つまり、どのライトをどのディマーに接続するかは、完全に自由に決められるわけではなく、配線上の都合で決まってしまうことも多くあるのです。

　しかし、そのようにライトがバラバラな回線にバラバラな順序で配線されている状態では、キューシートに沿ったスムーズな点け消しが大変難しくなります。その問題を解決する手段として、調光卓とディマーをつなぐ「信号線」のところで、結線を好きなように組み替えることができる仕組みがあります。この仕組みを「パッチ」と言います。パッチによって、調光卓上でのライトの並び順を、オペレーターにとって使いやすいように並べ替えることができます。こうしてできた使いやすい並び順（およびその番号）を「チャンネル」と言います。

　あるライトを何番目のディマーに接続するかは、物理的な配線の都合もあって自由に決められない場合がしばしばあります。しかし、チャンネルは、オペレーターの都合で自分が使いやすいように自由に並べ替えることができる番号です。パッチを使えば、ディマーとチャンネルの対応付けを任意に組み替えられますから、物理的な配線の都合などと全く関係なく、調光卓で操作する上でのライトの並びを、オペレーターが把握しやすく扱いやすい順（チャンネルの順）に整理することができるわけです。その際に、必要に応じ、複数のディマーを一つのチャンネルにまとめるといったこともできます。

　なお、「チャンネル」という言葉は、より一般的な意味でも使われます。たとえば「ディマーのチャンネル3」とか「DMXのチャンネル7」といった言い方もされます。しかし対象を

明示せず単に「チャンネル」と言った時には、上記で説明した「パッチによって使いやすく整理された番号」の意味になります。

　関連して、「強電パッチ」について解説しておきます。強電パッチとは、個々のライトを結線する「コンセント（回路）」と、ディマーとの接続を自由に組み替えられる仕組みのことです。強電パッチは、ライトとディマーの接続を電力配線レベルで組み替える仕組みですので、ディマーの許容電流に注意しながら扱う必要があります。強電パッチは、ディマーと調光卓が分離される前の時代には標準的な設備でしたが、現在はあまり見かけなくなりました。

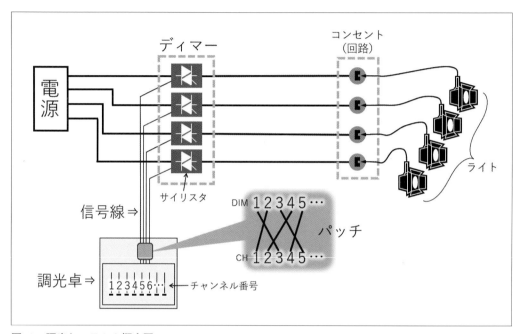

図46　調光システムの概念図

　調光卓とディマーをつなぐ「信号線」およびその中を通す「信号」の規格については、当初はアナログ信号（DC 0 ～ 10 Vなど）が使われていましたが、現在は全メーカーを通じて「DMX512-A」（DMXと略される）というデジタル信号規格にほぼ統一されています。DMXの信号線は、1本（＝1ユニバース）あたり512回線分の信号を運ぶことができます。一つの値は内部的には256段階（1バイト）のデジタル値として扱われています。

6-3　多段プリセット卓

　コンベンショナルライトの照明においては、七つのパラメータの内の(7)明るさだけが、唯一遠隔操作が可能な変数であり、その値や時間的な変化などの情報は「キューシート」に記載されるということを前に説明しました (P. 57 参照)。それらは実際には「チャンネルの値（とその変化）」として記載されます。ある場面の照明の状態は、各チャンネルがそれぞれ何パーセントで点いているかという値のセットとして記述することができます。そのような値のセット

は、「照明シーン」を数値的に記述したもの（データ）だと言えます。それを実行する順番に記載したもの、たとえば横軸をチャンネル番号、縦軸を舞台進行の流れとして表の形にしたものが「キューシート」です（図47）。

　では、照明操作が実際にどのようなものであるか、具体例を使って説明してみます。ここでは標準的な調光卓の形態の一つである「多段プリセット卓」を使ってオペレーションを行う様子を模式的に説明します。多段プリセット卓とは、複数段の「プリセット段」を備えた調光卓のことで、1段のプリセット段は「1列のチャンネルフェーダー」と「1本のマスターフェーダー」で構成されます。マスターフェーダーが上がっている時は、チャンネルフェーダーの状態の通りに出力が出ます。マスターフェーダーが下がっている時は、チャンネルフェーダーを動かしても出力には影響がありません。

　実際のオペレーションの際は、

- ●マスターフェーダーを下げた状態でチャンネルフェーダーの値をセットしておき、
- ●その状態でマスターフェーダーを上げる

という操作をします。こうすることにより、複数チャンネルを一度に出力させることができます。

　例として、「A」と「B」二つの段がある調光卓（2段プリセット卓）での操作を説明します。A段のマスターフェーダーが上がっている状態で、かつ、A段のチャンネルフェーダー列

Cue	Scene / Channel	1	2	3	4	5	6	7	8	9	10	11	12	13	14	15	16	17	18	19	20	21	22	23	24	25
5	オープニング	FF	FF			FF	50	50		FF	FF	FF	FF					80	80	80	80					FF
10	暗転																									
11	子ども登場	FF	FF			FF	50	50		FF	FF	FF	FF					80	80	80	80					FF
12	音楽変わる	FF				FF			20	FF	FF	FF	FF	50	50	50	50	50	50	50	50	60	60	60	60	60
13	全員登場	FF	50	50		FF	60	80		FF	FF	FF	FF					50	50	50	50	FF	FF	FF	FF	50
14	3人に	FF				FF				FF	FF	FF	FF									70	70	70	70	
15	全体	FF	FF	50		FF	50	30		FF	FF	FF	FF	50	50	50	50	50	50	50	50	FF	FF	FF	FF	50
17	サビ		FF	50			50	70										FF	FF	FF	FF	50	50	50	50	FF
18	アウトロ		FF	50		80	80			FF	FF	FF	FF									80	80	80	80	
20	無音		FF	50		FF	50	40		FF	FF	FF	FF	50	50	50	50	50	50	50	50	FF	FF	FF	FF	50
25	はける		FF	50		FF	50	40		FF	FF	FF	FF	50	50	50		50	50	50						
30	暗転																									
31	第二場	80	80			FF					FF	FF	FF									70	70	70		
32	7人搭乗	80	80			FF				FF	FF	FF	FF									70	70	70	70	
33	盛り上がり	80	80			FF				FF	FF	FF	FF									80	80	80	80	
35	サビ1	80	80			FF				FF	FF	FF	FF									70	70	70	70	

図47　キューシートの例

にシーン1の値がセットされているとします。A段のマスターフェーダーが上がっているので、A段のチャンネルフェーダーの状態（シーン1）が現在出力されているということになります。その状態で、B段のマスターフェーダーを下げておき、B段のチャンネルフェーダー列にシーン2のチャンネル値をセットします。マスターフェーダーが下がっているので、B段のチャンネルフェーダーを動かしても出力には影響しません。そして、シーン2に切り替えるべきタイミングが来たら、A段のマスターフェーダーを下げながら、同時にB段のマスターフェーダーを上げる、という操作をします。すると出力がシーン1の状態からシーン2の状態に切り替わります。切り替えが完了したらA段にセットされていたシーン1は用済みとなります。そこでA段のチャンネルフェーダー列を動かしてシーン3の状態をセットします。その状態で、シーン3に切り替えるべきタイミングを待ち、その時が来たら、B段のマスターフェーダーを下げながらA段のマスターフェーダーを上げる、という操作をします。その結果出力はシーン2の状態からシーン3の状態に切り替わります。切り替えが完了したらB段にセットされていたシーン2は用済みとなります。この繰り返しでシーンを進行させていきます。これが、2段プリセットの基本操作です。

　もし段が3段あれば、つまり「3段プリセット卓」の場合、準備用の段が二つあることになりますので、二つ先のシーンまでチャンネル値を準備しておくことができます。たとえば連続したタイミングで二つシーンを進める必要がある時に、準備用の段が二つあると、スムーズにオペレーションをすることができます。逆に、連続したタイミングで二つシーンを進行させるようなプランは、2段しかない卓ではオペレーションが困難だということになります。

　なお、「一つのマスターフェーダーを上げながら同時に別のマスターフェーダーを下げる」

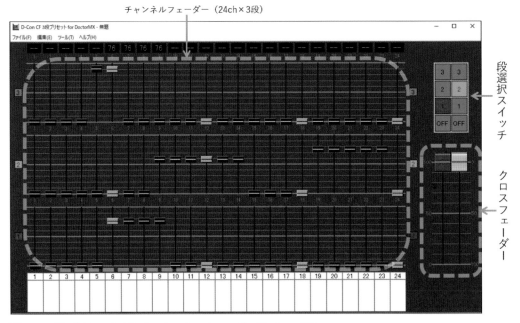

図48　3段プリセット卓シミュレーションソフト「D-Con CF」

66

という動作は、実際には「クロスフェーダー」という仕組みで行う場合がほとんどです。クロスフェーダーとは、隣り合わせに並んだ二つのフェーダーで、その内の片側（大抵は右側）の動作が普通と逆向き（下げ切りで100%、上げ切りで０％）になっています。そのため、二つ並んだフェーダーつまみを揃えて両方上げればA段の状態、両方下げればB段の状態というように、二つの段の行き来を片手で容易に行うことができます。多段プリセット卓は、必ずと言って良いくらい、このクロスフェーダーを備えています。段が３段以上ある場合は、クロスフェーダーの左右のフェーダーにそれぞれどの段を接続するかを、スイッチによって選択できる仕組みになっています（図48）。

6-4　シーン記憶

　現在普及している多段プリセット卓は、通常のプリセット段（チャンネルフェーダー列で値をセットする）の他に、電子的なメモリも併用できるようになっているものが多いと思います。その場合、プリセット段を使って作成した照明シーンを、内部メモリにいくつも記憶することができるようになっています。シーンをメモリする際は、各シーンに一つずつ「シーン番号（またはキュー番号）」を付番しながら記憶させます。そのようにして記憶された照明シーンは、必要になった時にシーン番号を指定してクロスフェーダーに「呼び出し」、再生することがで

```
CUE 9
DELAY 0/0
FADE 0/0
CHAN 2@100 3@100 7@100 8@80 9@30 11@100 12@100 13@100 15@100 16@50 17@50 18@50
CHAN 20@50 21@100 22@100 23@100 25@100 26@80 27@80 28@80 30@80 31@80 32@80 33@80
CHAN 35@80 36@80 37@80 38@80 39@80 41@50 42@50 43@50 44@50 45@50 46@50 47@50
CHAN 48@50 49@50 50@50 51@50 52@50 54@100 56@100 61@100 62@100 64@100 65@100
CHAN 66@70 68@100 69@100 70@100 71@100 72@100

CUE 10
DELAY 0/0
FADE 0/0
CHAN 2@100 3@100 7@100 8@80 9@30 11@100 12@100 13@100 15@100 16@50 17@50 18@50
CHAN 20@50 21@100 22@100 23@100 25@100 26@80 27@80 28@80 30@80 31@80 32@80 33@80
CHAN 35@80 36@80 37@80 38@80 39@80 43@50 44@50 45@50 46@50 49@50 50@50 51@50
CHAN 52@50 54@100 56@100

CUE 11
DELAY 0/0
FADE 0/0
CHAN 1@100 8@50 9@100 16@100 17@100 18@100 20@100 21@100 22@100 23@100 25@100
CHAN 31@100 32@100 33@100 35@100 36@80 37@80 38@80 39@80 43@60 44@60 45@60 46@60
CHAN 49@60 50@60 51@60 52@60 53@100 54@50 55@100 56@50

CUE 12
DELAY 0/0
FADE 0/0
CHAN 1@100 8@50 9@100 16@100 17@100 18@100 20@100 21@100 22@100 23@100 25@100
CHAN 31@100 32@100 33@100 35@100 36@80 37@80 38@80 39@80 41@60 42@60 43@60 44@60
CHAN 45@60 46@60 47@60 48@60 49@60 50@60 51@60 52@60 53@100 54@50 55@100 56@50
CHAN 64@100 65@100 66@70 69@100 70@100 71@70
```

図49　JASCII データの一例

きるようになっています。

　各シーンは番号で区別できるので、開演から終演までのすべてのシーンデータを、一つのテキストファイルにまとめて扱うことができます。そのようにして1ファイルにまとめられたデータを、異なるメーカーの調光卓どうしでやり取りするためのフォーマット（書式）もいくつか策定されています。図49（P.67）はその中の代表的な書式である「JASCII」形式のファイルをプリンタで出力した例です。このようなデータを、USBメモリスティックやSDカードなどを介して調光卓どうしでやり取りすることが可能となっています。

6-5　キューメモリ方式とサブマスター方式

　数多くの照明シーンを調光卓のメモリに記憶する方法には、大きく二つのスタイルがあります。一つは、前節で例示した、シーン一つ一つに番号を付番して記憶させるスタイル。もう一つは、これから説明する、シーンを複数のマスターフェーダーに並立的に記憶させるというスタイルです。それぞれの方式の呼び方は規格として統一はされていないのですが、本書では比較的広く使われている言い方にならい、前者を「キューメモリ方式」、後者を「サブマスター方式」と呼ぶことにします。多くの調光卓は、この両方の方式を同時に使うことができるようになっています。

　キューメモリ方式は、クロスフェーダーまたは自動フェードにより実行されることがほとんどで、シーンを記憶する際は実行したい順にシーン番号を付番してメモリに格納します。実行する際は、最初に冒頭のシーンをクロスフェーダー（または自動フェードのシステム）に呼び出します。するとそこからシーンを一つ進行させるごとに、次に続くシーンが自動的に呼び出されるという仕組みになっているのが普通です。

　サブマスター方式は、「サブマスター」と呼ばれる数本から数十本のマスターフェーダー群を使います。サブマスターフェーダーは、1本に一つのシーンを記憶できるメモリ機能を備えています。シーンを記憶させたサブマスターを上げることにより、任意のシーンを順不同に実行することができます。また、一つの照明シーンを何度も繰り返して実行したい時は、同じサブマスターフェーダーをそのたびに何度でも上げるということで実現できます。つまり、一つのサブマスターフェーダーを何度も使い回せるということです。

> **キューメモリ方式**：すべてのシーンを実行する順に並べて付番し、一つのまとまりとして記憶する方式
> **サブマスター方式**：各シーンを一つずつフェーダー（サブマスター）に記憶する方式

　先ほど解説したキューメモリ方式の場合は、シーンを実行順にすべて付番してメモリする必要があるので、何度も同じ照明シーンが繰り返されるとしても、そのたびに別のシーン番号を付けて記憶させる必要があります。一方、サブマスターを使用する場合は、データ内容が同じ

シーンならば同じフェーダーで兼用できますので、キューメモリ方式に比べて記憶させるシーンの数が少なくて済みます。その代わり、多数のフェーダーを操作しなければならなくなる点や、どのフェーダーをいつ上げるべきなのかをオペレーターが把握していなければならないといった点が、キューメモリ方式に比べて不便だと言えるかも知れません。

　サブマスター方式は、シーンの順番が確定していない場合（進行順序が流動的な催しなど）に特に有効です。また複数のシーンを同時に実行する（複数のサブマスターフェーダーを同時に上げる）こともできます。ですから個々のサブマスターを「チャンネルのグループ化」のように捉え、各シーンを複数のサブマスターフェーダーの組み合わせで構成するという使い方（考え方）もできます。

　キューメモリ方式とサブマスター方式は、併用することも可能です。たとえば、点け消しの順序が完全に定まっているシーンにはキューメモリを使用し、臨機応変にその場の状況で点け消ししたいシーンはサブマスターに記憶しておく、といった使い分けが考えられます。

第7章

機材と制御の変容

　前章までで、コンベンショナルライトによる照明の作り方について、その素材となる光に関する分析、機材の分類、プランの構造、オペレーションの仕組みといった概要を解説してきました。ここまでの説明で、照明を作るために必要となる知識がどんなものであるか、作る際に何に着目してどのような考え方をするのか、といった、舞台照明全体の骨格となる事柄について、だいたいつかんでいただけたのではないかと思います。

　しかし、ここまで説明してきたような基本的な骨格が、1990年代から2000年代ぐらいを境に、大きく変容したと筆者は考えています。その変容の原因となったのは、「ムービングライト」と「フルカラーLED」の登場です。前述したように、コンベンショナルライトにおいては光の七つのパラメータの内、(7)明るさの役割が重要かつ特殊なものでした。しかし、ムービングライトの登場によって、この前提を変えざるを得ない状況がもたらされました。

　また、(6)光の色についても、それまではカラーフィルターによって白色光に色をつけるという考え方が基本だったのに対し、フルカラーLEDの登場により、白色でない光源の光を混合させて色を作るという新しい考え方が登場してきました。それに伴い、舞台照明家がそれまでほとんど考えてこなかった「演色性」という要因が、考慮の対象とならざるを得なくなりました。

　これらの変化は、照明の操作方法にも影響を与えました。新しく登場した機材では、(7)明るさ以外のパラメータも上演中に変化する要素となるため、それまでの調光卓では操作が困難となり、舞台照明の制御方法そのものにも大きな変革が起こることとなったのです。

　本章ではこれらの変容について解説をします。

7-1　ムービングライトの概要

　「ムービングライト」とは、光の七つのパラメータの内、(7)明るさに加えて他の要素、特に(3)光の向きの遠隔操作が可能な照明器具、と定義することができます。一般的なムービングライトは、(3)光の向き、(4)照射範囲、(5)光の形、(6)光の色、(7)明るさ、の五つのパラメータを遠隔操作することができます。(3)向きを遠隔で動かしている時の様子が、ライトが自分で動いているように見えるので、"ムービング"という呼び名がついたと考えられます。単純に「動く」ということだけで言うなら、以前からある機材の中にも動くものはありました。

モーターを使って光の方向を一定方向に回転させたり、投影する絵柄を動かしたりといったものです（スピナー、エフェクトマシンなど）。しかしそれらは、単調に「動く」、「止まる」、あるいはせいぜい「速度が変わる」といった程度で、「遠隔制御」とまでは言えないものなので、「ムービングライト」には分類されません。

　ムービングライトが登場した当初は、舞台の照明機材とは全く異質のものとして扱われました。ムービングライトが世に登場した当初は、そのセッティングや配線からオペレーションに至るまで、すべてムービングライト専門の会社の人が独占的に行っていました。他の通常の舞台照明（当時は「一般照明」と言われた）からは業種としても完全に独立していました。しかし、後にムービングライトの制御信号にDMXが採用されるようになり、コンベンショナルライトとムービングライトとを、同一規格の信号によって制御できるようになっていきます。現在ではほとんどすべてのムービングライトが、コンベンショナルライト用のディマーと同じDMXを制御信号として採用しており、一つの調光卓で両者を一度にコントロールすることができるようになっています。

　DMX信号は、元々は調光卓からディマーへ出力値を伝達するためのものですので、通信データの中身は出力値を意味する単純な数値の並びです。それを使ってどうやってムービングライトのような複雑な機材を制御するのでしょうか。その原理を単純化して、かいつまんで説明したいと思います。

　最初に説明したように、ムービングライトは(7)明るさ以外も含めた、いくつかのパラメータを遠隔で操作することができるライトだと捉えることができます。それらのパラメータはすべて数値化が可能です。各パラメータは、たとえば以下のように数値化することができます。

1．(3)向き（Pan）：0％＝反時計回りに振り切り、50%＝中央、100%＝時計回りに振り切り
2．(3)向き（Tilt）：0%＝前に振り切り、50%＝垂直、100%＝後ろに振り切り
3．(4)照射範囲（大きさ）：0％＝最小、50%＝中ぐらい、100%＝最大
4．(5)光の形（GOBO）：0％＝GOBO無、10%＝GOBO 1、20%＝GOBO 2 ...
5．(6)色（カラーホイール）：0％＝色無、10%＝色1、20%＝色2 ...
6．(7)明るさ：0％＝遮断（消灯）、50%＝半分の明るさ、100%＝MAXの明るさ

　上記では、(3)向き、(4)照射範囲、(5)形、(6)色、(7)明るさが、6個の数値（それぞれ0〜100%の値）で表現されているのがわかります。(3)向きが2行になっているのは、ライトの照射方向を決定するのに横方向（Pan）と縦方向（Tilt）の二つの値が必要となるためです。

　ムービングライトは、このように数値化された値の入力に対応して各パラメータが動くように作られています。コンベンショナルライト（を接続するディマー）の場合は、1台のライトに対して一つの値（明るさ）が与えられ、それに応じた明るさで点灯するという仕組みでした。一方、ムービングライトの場合は、1台に対して複数の値が与えられ、それらの値に従って各

パラメータが動作する仕組みになっています。上記の例で言えば、この1台のムービングライトは6個の値の入力によって動作します。ですから、6回路のディマーに対応する（つまり6個の値を出力できる）調光卓を使えば、このムービングライトを制御することが理論的には可能です。

　このムービングライトに実際に6チャンネルの調光卓を直結したとすると、たとえば6番目のチャンネル（明るさ）を上げれば点灯します。1番目のチャンネル（Pan）を上げ下げすれば、ライトの向きが左右に動きます。2番目のチャンネル（Tilt）を上げ下げすれば、ライトの向きが前後に動きます。3番目のチャンネル（照射範囲）を上げ下げすれば照射光の大きさが変化します。色やGOBOなども、それらに該当するチャンネルを上げ下げすることで好みのものを選択することができます。細かい説明はだいぶ割愛していますが、コンベンショナルライトをコントロールするのと同じシステムを使って、ムービングライトを制御することが（原理的には）できる、という点がここでのポイントです。

　なお、ここで例示した6個の値で動くムービングライトは、説明のための架空の例であり、実際の製品として存在しているムービングライトはここまで単純ではありません。実際のムービングライトの入力割り当ての例を示します（図50）。この例で示した機材は、1台のライトが35個の入力値によって制御されます。

　このリストを見ると、一つのパラメータに対して「Coarse」と「Fine」という2項目が並ん

DMX Ch	機能
1	Pan Coarse
2	Pan Fine
3	Tilt Coarse
4	Tilt Fine
5	Pan/Tilt Speed
6	シアン
7	マゼンタ
8	イエロー
9	CTO
10	CMY マクロ
11	カラーホイール Coarse
12	カラーホイール Fine
13	固定GOBO
14	回転用GOBO
15	GOBO回転
16	アニメーション
17	プリズム

18	フロスト
19	アイリス
20	フレーミング1 左
21	フレーミング1 右
22	フレーミング2 左
23	フレーミング2 右
24	フレーミング3 左
25	フレーミング3 右
26	フレーミング4 左
27	フレーミング4 右
28	フレーミング回転
29	ズーム
30	オートフォーカス
31	マニュアルフォーカス
32	明るさ Coarse
33	明るさ Fine
34	ストロボ
35	システムコントロール

図50　ムービングライトのDMXプロファイルの例（Silver Star Pluto 600）

でいるものがいくつかあります。これについて説明しておきましょう。

　DMXは、前に述べたように一つの値を256段階（1バイト）で表します。しかし、ムービングライトのパラメータは256段階では荒過ぎる場合があります。たとえばライトの向きを考えた場合、一般的なムービングライトでのTiltの可動範囲は250°程度、Panの可動範囲は540°程度です。これを256段階で制御するとなると、角度としては1〜2°刻みぐらいの精度になります。2°という角度は一見小さく感じられるかも知れませんが、10mの距離から見た時の約35cmに相当します。10mの距離から照射しているライトのあたる位置を35cm単位でしか動かせないのは、舞台照明の精度としては荒過ぎます。そういった、256段階では荒過ぎるパラメータについては、二つの入力値（2バイト）を使って一つの値を扱うということが行われます。一つ目の数値（Coarse）が全体を256段階に分けた荒い値で、二つ目の数値（Fine）は、Coarseの1段階（全体の256分の1）をさらに256段階に分けた値として使われます。つまり、二つの入力値を使用することで一つのパラメータを256×256＝65,536段階で調整することが可能となります。これにより、PanやTiltのような精度が要求されるパラメータも適切に制御することができます。

　このように制御内容が精密かつ複雑になってくると、調光卓の操作としても、それまで使われてきた「フェーダー」という入力部品では不十分になってきます。そのため、現在の調光卓は、値の入力装置として、フェーダーの他にエンコーダーダイヤル（左右に回すことで値が増

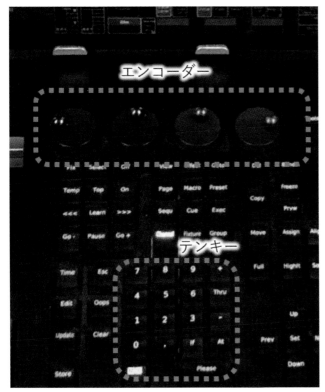

図51　エンコーダーとテンキー

減する）やテンキー（値を数字で直接入力する）を備えているものが多くあります（図51 P.73）。

7-2 新しいデータの考え方

コンベンショナルライトだけで構成される舞台照明の場合、キューシートに書かれるデータは、光の明るさとその変化の情報のみでした。しかしムービングライトが混在することによって、シーンのデータの中に明るさ以外のパラメータ、つまりライトの向きや色などの情報が入ってくることになります。このことの影響は大変に大きく、「シーンデータ」の意味そのものが変わったと言っても過言ではないでしょう。それに伴って調光卓上でのデータの扱い方も変更（ないし拡張）されることになりました。

それまでの調光卓で扱われてきた(7)明るさというパラメータは、数値と実際のライトの挙動が直感的にわかりやすい関係にあります。数値を100%にすれば明るさも100%となり、数値を50%にすれば見た目の明るさもおよそ半分ぐらいになります。数値を10%にすれば、ライトが点いているかいないかギリギリぐらいの状態になり、数値を０％にすればライトは消灯します。

しかし、明るさ以外のパラメータは、数値と実際のライトの挙動がこのような直感的にわかりやすい関係にありません。たとえば、１台のムービングライトがオレンジ色の光で舞台上の一脚の椅子を照らしているとします。明るさを調整するのであれば、(7)明るさのパラメータの数値を上げ下げすれば良いことは間違いありません。しかし、その光の色をオレンジから緑に変更するには、数値をどう変更すれば良いのでしょうか。また、その光の向きを少し舞台前に向けるためには、どの数値をどう調整すれば良いのでしょうか。こういう時、調整すべき数値がどれで、それを上げるべきなのか下げるべきなのか、即座に正しく答えるのはなかなか難しいでしょう。しかし(7)明るさのパラメータだけは、上げれば明るくなり下げれば暗くなるということはほとんど（おそらくすべて）の機材で共通しています。

つまり、(7)明るさについては、数値を「上げる」ことで明るさを「上げる」ことができ、数値を「下げる」ことで明るさを「下げる」ことができます。しかし、たとえば(3)向きの場合、数値を「上げる」ことは必ずしも向きを「上げる」ことを意味しません。また、(6)色の数値を「下げる」ことは色を「変える」結果をもたらすのであり、色の何かが「下がる」わけではありません。色という性質にはそもそも「上げ下げ」という概念自体がありません。

こうして考えてみると、コンベンショナルライトにおけるチャンネルの値というのは「上げれば上がる、下げれば下がる、下げ切れば消える」という、とても単純で直感的にもわかりやすいものでした。それに対し、ムービングライトに関係する数値はずっと複雑でわかりにくく、「上げる下げるという概念になじまない」ものが含まれているということがわかります。これは大きな違いです。

このような、今までにない性質を持った値をスムーズに扱うため、調光卓のインターフェースに新しい概念が取り入れられました。ここでは、そのようにして新しく取り入れられた概念

の中から、「トラッキング」、「LTP」、「フィクスチャ」について、ごく簡単に説明をします。

① トラッキング

「トラッキング」は、連続したシーンをメモリに記憶する際の新しい考え方（モード）です。

従来型の調光卓の場合は、あるシーンのデータをメモリに記憶する際、点けたいチャンネルについては値を設定しますが、使わない（消えたままにしたい）チャンネルについては何もしません。するとそれら使っていないチャンネルについては調光卓が暗黙に「０％」とみなしてメモリに記憶します。これが「トラッキング無し」の際のメモリ動作であり、従来型の調光卓ではこれが標準的な動作とされてきました。

しかし、ムービングライトを混在させた場合、使わないチャンネルの値が暗黙に「０％」とみなされるという動作が、都合が悪くなるケースがあります。ムービングライトの各パラメータは、値が０％の時は基本的に「どちらかの端に寄った状態」です。唯一(7)明るさのパラメータだけはコンベンショナルライトと同様の動作（100％が一番明るく、０％は消灯）をしますが、その他のパラメータ、(3)向き、(4)照射範囲、(5)形、(6)色といった要素は、０％が必ずしも待機状態として好ましいとは限りません。

たとえば舞台上部にムービングライトが１台あるとして、それをあるシーンで"下向きのブルーのトップサス"として、"ゆっくりとフェードイン"させたいとします。もし何も準備せずにシーンをゆっくりと実行すると、(7)明るさが点灯しながら同時に(3)向きのパラメータも(6)色のパラメータも目的値に向かってゆっくり変化することになってしまいます。つまりライトがゆっくり点灯（フェードイン）しながら、向きがだんだんトップサスの方向に動き、色もだんだんブルーになり、実行が完了する時に、(7)明るさと(3)向きと(6)色が同時に正しい状態に到達するという、不本意な動作になってしまいます。

この場合、ブルーのトップサスとしてフェードインさせたいわけですから、その一つ前のシーンで、消灯状態のまま(3)向き（Pan ／ Tilt）のチャンネルをトップサスの向きとなる値に、(6)色のチャンネルをブルーの値に、あらかじめセットしておく必要があります。消える動作をさせようとする時も同様で、もし、そのブルーのトップサスを、そのまま単純にフェードアウトしたいのであれば、(7)明るさのパラメータのみをゼロに変化させ、その他のパラメータ(向きや色)は、消え切るまでそれぞれの値を保持しておく必要があります。

このように、ムービングライトの制御では、たった１台を単純に点灯・消灯するだけでも数多くの数値を設定する必要があり、また「その値をそのまま保持しておきたい」という局面が頻発します。

そういう状況にあっては、指定しないチャンネルについて「暗黙に"0％"とみなす」よりも「暗黙に"前のシーンと同じ値"とみなす」という動作のほうが便利に感じられることが多いのです。そこで、ムービングライトを扱うことを想定した調光卓にはそのようなメモリ動作が実装されるようになりました。この「値が指定されていない場合は暗黙に前のシーンと同じ値とみなす」という挙動を「トラッキング」と言います。

たとえば先ほどの例でいえば、ムービングライトをブルーのトップサスとしてフェードイン
させるためには、あらかじめその前のシーンで、向きをトップサスに、色をブルーに設定して
おく必要があるのでした。「トラッキングあり」のモードが備えられていれば、前のシーンで
向き（トップサス）と色（ブルー）をメモリしておき、問題となるフェードインのシーンでは
単に「明るさを上げる」という内容を「トラッキングあり」のモードでメモリすればOKです。
そのキューでは向きや色を指定する必要はありません。なぜなら、あえて指定しないことで前
のシーンと同じ値とみなされるからです。さらに、その次のシーンでフェードアウトさせるに
は、そのキューに「明るさをゼロにする」という内容だけを「トラッキングあり」でメモリす
れば、向きや色はそのまま保持されます。このように、明るさ以外のパラメータは、「トラッ
キングあり」で扱うほうが便利なことが多いと言えます。

　コンベンショナルライトのメモリも、「トラッキング」を使うことでよりわかりやすくなる
場合があります。トラッキングありでメモリされている場合、たとえばどこかのシーンである
チャンネルを点灯させたとすると、そのチャンネルは、以降のシーンで値が変更されない限り、
終演までそのままの明るさを保持することになります。逆に言うと、それを消す（あるいは明
るさを変更する）必要が生じない限り、そのチャンネルは全く何も指定しなくて良いのです。

　たとえばあるシーンでチャンネル1〜10が点灯している状態だとして、次のシーンとして、
それにチャンネル11が加わり1〜11が点灯した状態になる、という変化を記憶させたいとし
ます。その場合、トラッキング無しのモードであれば、次のシーンデータには「チャンネル1
〜11を点灯」という内容を記憶させることになります。一方、トラッキングありのモードの
場合は「チャンネル11を点灯」という内容だけを記憶させれば良く、チャンネル1〜10は（前
の状態を保持すれば良いので）指定する必要がありません（指定しても問題ありませんが）。
このように、コンベンショナルライトのみの場合も、トラッキングを使用することでデータが
シンプルになることがあります。

　さてここで、メモリに記憶される内容が"何を意味するか"に注目してみると、興味深いこ
とに気づきます。トラッキング無しの場合、メモリに記憶される内容は、まさにその「シーン
（Scene）の状態」です。そのシーンの照明がどういう状態であるかが、メモリ内容の中にすべ
て含まれています。たとえば上記の最後の例で言うと、トラッキング無しの場合のメモリの記
憶内容は「チャンネル1〜11を点灯」でした。これはつまり、そのシーンの状態（1〜11が
点灯状態）がそのままデータに表現されているということが言えます。一方、トラッキングあ
りの場合にメモリに記憶されるのは、「チャンネル11を点灯」という内容でした。このメモリ
内容の意味するところはシーンの状態（1〜11が点灯状態）ではなく、前のシーン状態から
次のシーン状態へ移行するための「動作の内容（Cue）」が記憶されている、と捉えることが
できます。データをメモリする際に、以前は"状態"を記憶させるのが標準だったのに対し、
現在は"動作"を記憶させる形が主流になった、ということが言えます。

② LTP

「LTP」は、一つのチャンネルに与えられる複数の値を合成する際の計算方法の一つです。

メモリに記憶された複数のデータを同時に出力する場合、一つのチャンネルに対して複数の値が与えられるケースが考えられます。たとえばサブマスター方式（P.68 参照）を使用しているとして、複数のサブマスターが同一のチャンネルに対して異なる値を記憶しているといった場合です。例としてサブマスター１にはチャンネル15が70％で、サブマスター２にはチャンネル15が50％で記憶されているとします。この時、サブマスター１を上げるとチャンネル15は70％の出力になりますが、その状態からさらにサブマスター２も加えて上げた時に、チャンネル15の出力はどのように変化するでしょうか。どのように変化するのが、調光卓の動作として適切（便利）だと考えられるでしょうか。

実際の調光卓では、このように同一チャンネルに複数の値の指示がある場合、「HTP」と「LTP」という２種類の計算方法のいずれかが使われます。HTPは「Highest Takes Precedence（高い値が優先される）」の略で、LTPは「Latest Takes Precedence（あとからの値が優先される）」の略です。それぞれの動作はその名前が表す通りで、同一チャンネルに複数の値の指示がある場合、HTPの環境では指示値の内の最も高いものが採用され、LTPの環境では指示値の内の最もあとから与えられたものが採用されます。先ほど例にあげた二つのサブマスターによるチャンネル15の挙動がそれぞれの場合にどうなるかを説明すると、まずサブマスター１を上げたらチャンネル15が70％の出力となります。こここまではHTPとLTP、いずれの場合も変わりません。次に、その状態であとからサブマスター２を加えて上げた時、チャンネル15がHTPで動作しているとすれば出力は70％（二つの値の内の高いほう）のままで変わりません。もしチャンネル15がLTPで動作しているとすれば、その出力はサブマスター２（あとから上げた）の値＝50％に下がります。

コンベンショナルライトのみを制御していた時代は、同一チャンネルに複数の値の指示があった場合はHTPで計算されるのが標準の動作でした（若干の例外を除く）。操作するパラメータが(7)明るさのみの場合、HTPの動作が直感的にも自然でわかりやすいからでしょう。しかし、ムービングライトを制御する場合、高い値を優先するHTPの動作では不便が生じます。たとえば(3)向きを指定するPanやTiltの値は、単にその向きを表す数値に過ぎず、値の高低には何の優劣もありません。そのような値を扱おうとする時、HTPよりLTPの動作のほうが使いやすいことが多いのです。

HTPとLTPの動作モードを設定する（切り替える）方法は調光卓によって異なります。パッチの際に設定する方式やサブマスターの属性として設定する方式などがあります。

③ フィクスチャ

コンベンショナルライトのみの照明の場合、DMX信号線を流れる信号の内容は、(7)明るさ＝ディマー出力という１種類の値のみです。しかし、ムービングライトのような、１台の制御に複数の入力値を使用する器具が登場したことにより、信号線で送受信される値の中に意味や

重みの異なるものが混在することとなりました。

　前節でも見たように、(3)光の向きを意味するPanやTiltの値と、(7)明るさの値とでは、値の意味も、適切な扱い方（トラッキングやLTPなど）も異なってきます。そのような複雑な構造を持つデータの内容を把握し、スムーズに操作するためには、チャンネルという1種類の値の連続だけでは不便です。そのためムービングライトを扱うための調光卓（それを「調光」卓と呼ぶのはもはや適切でないかも知れません）においては、チャンネルの概念を拡張させ、それに代わる新しい概念を導入する必要が生じました。

　チャンネルを拡張した新しい概念の呼び方は、コンソール（調光卓）のメーカーによって若干バラつきがありますが、本書では「フィクスチャ（Fixture）」と呼ぶことにします。フィクスチャとは、チャンネルに代わる新しい操作の単位です。フィクスチャの原義は「器具」です。ムービングライトが混在する時代になって、コンソールは一つ一つの照明器具を直接コントロールするという発想に至りました。

　コンベンショナルライトを調光する際の「ディマー」も、それを扱いやすく組み替えた「チャンネル」も、いずれも照明器具を点灯する「電力供給」をコントロールしているに過ぎません。ディマーとライトを接続しているのは電力配線であり、コンソールが制御しているのはあくまでディマーであって、ライトはその電力出力を通じて、間接的にコントロールされていると言えます。その意味で、ライト自体はコンソールからは切り離されていました。一方ムービングライトの場合は、信号線であるDMXケーブルが、直接器具に接続されます。つまりコンソールと器具とが物理的に直結しており、本当の意味で、コンソールがライトを直接に制御する形になったと言えます。

　ムービングライトを扱うことのできるコンソール（「ムービング卓」などと呼ばれる）では、器具自体（フィクスチャ）を直接画面上で指定し、操作するという考え方が採用されています。コンベンショナルライトを制御する調光卓では「チャンネルいくつを、○○％」というように、「チャンネル」という一つの項目に対して「出力値」という一つの値を指定していました。一方ムービング卓では「フィクスチャ3の、色を、青に」「フィクスチャ6の、向きを、センタートップに」というように、「器具何番の、□□を、○○に」といった形になります。

　つまり、入力する対象が基本的に二つの項目（フィクスチャ番号とパラメータ、たとえば「フィクスチャ3」「色」）で指定され、それに対して値を指定するという方式になっています。値を指定する際も、明るさであれば「○○％」というように数値を直接指定しても違和感が無かったのですが、向きや色などを表現するには、数値よりも言葉（「青」「センタートップ」など）を使えたほうが便利です。そこで、多くのムービング卓では、良く使う値に対して好きな名前を設定することができるようになっています。たとえば色が青になる数値に「青」という名前をつけ、向きが中央の真下向きになる数値に「センタートップ」という名前をつける、といった具合です。そうすることで、「フィクスチャ3を、青に」「フィクスチャ6を、センタートップに」というように、名前を使って数値を入力することが可能となります。「青」や「センタートップ」などの名前は、単に数値を言葉に置き替えているに過ぎません。しかし、頻出

する数値に名前をつけることにより、オペレーターは数値をその意味と関連づけて把握することができ、効率の良い入力操作を行うことができるわけです。

　ムービング卓の考え方においては「明るさ」もパラメータの一つです。「器具何番の、明るさを、○○％」といった具合です。つまりムービング卓においてはコンベンショナルライトは「パラメータが一つ（明るさ）だけの器具」として扱われます。

　こうして、多様なパラメータを持つ多種の機材を、自由自在にコントロールする仕組みができあがりました。光の七つのパラメータの内、それまで特別視されていた(7)明るさは、データの構造的には、機材の持つ複数のパラメータの内の一つに過ぎないということになりました。そして(7)明るさ以外のパラメータも上演中に操作することが、あたりまえに可能となったのです。このことは照明のオペレーションやデザインの考え方にも大きな影響を与えたと言えると思います。

7-3　LEDによる加法混色光源の登場

　LED（Light Emitting Diode）とは「発光ダイオード」のことで、20世紀後半になって発明された新しい電気発光の方法（およびその素子）です。LEDが発する光は基本的に単色光で、最初は赤外線や赤色の光しか作れなかったそうですが、後に緑色の発光をするLEDが登場し、そして20世紀末頃に青色の光を発するLEDを作れるようになって、舞台照明機材の光源として採用されるようになったようです。

　それまでの光源は、コンベンショナルライトはハロゲン電球、フォロースポットライトはクセノンランプ、ムービングライトはメタルハライドランプが中心でした。それらいずれの光源も、光の波長のスペクトル分布は可視光線の領域を幅広く含み、人の目には白色に感じられるものでした。ですので、そのままの状態なら白色光ですし、色のついた光が必要となる場合は、特定の波長成分のみを透過させる"カラーフィルター"を光にかぶせて色光を作っていました。

　しかし、今世紀から普及しているフルカラーLEDを光源とする器具は、色を作る時の方法が、それまでの光源とは全く異なります。フルカラーLEDの器具は、光源が一つではなく、複数の色光を発する光源の集合になっています。光源色の構成は、「赤、緑、青」の3色、「赤、緑、青、白」の4色、「赤、緑、青、橙、白」の5色などの組み合わせが代表的で、それらの光源の強さのバランスを調整することにより色を作り出す仕組みになっています。光源の色には基本的に「三原色」が含まれているため、理論的にはあらゆる色の光を合成することができるように思えます。しかし、本当に「どんな色でも」作り出せるのでしょうか。

　三原色があればあらゆる色を合成できるということ、それ自体はほぼ間違いありません。事実、現在使われているほとんど（おそらくすべて）のカラー画面、たとえばテレビの画面、パソコンのモニタ、スマートフォンの画面などは、いずれも三原色の合成だけであらゆる色を再現しています。ですがそれが可能なのは、あくまで合成された色を「直接目で見る」用途だからです。直に目で見る色ではなく、「物を照らす光」の色について考える場合は、P.32で考察

したように、照らす光の色と照らされる物の色の両方が関係してきます。物を照らすための光は、白い面だけでなくさまざまな色の立体物を照らすことを目的とします。ということは、さまざまな色の物体をその光で照らした時に、それらが「それぞれどのような色に」見えるかにも配慮しなければなりません。

　これは特に新しく発生した議論というわけではなく、以前から光源の「演色性」として知られていた問題です。光源の演色性とは、その光源に照らされた物の色の見え方が、太陽光に照らされた時の色にどれぐらい近いかを示す指標です。家庭や店舗、オフィスなどの生活空間の照明を設計する際は、光源の演色性は重要です。たとえばレストランの照明はテーブル上の料理が美味しそうに見えるように蛍光灯ではなく電球を使う、といったことが行われます。このように生活空間の照明を設計する際には、光源の種類を選択する重要な基準として、演色性（この場合で言うと蛍光灯より電球のほうが演色性が良い）があるのです。

　しかし、舞台においては、LED登場前に使われていた光源（ハロゲン、クセノン、メタルハライド）は、どれも演色性がとても良い、白色の光源でした。カラーフィルターを使わずに光源の色がそのまま照射されている状態を「ナマ」と言いますが、そのナマの状態が、その機材で作り得るあらゆる色の中で最も明るく、かつ最も演色性が良い状態である、ということが言えます。

　一方、フルカラーLED光源の場合は構造が全く異なります。先ほども説明したようにその光源は一つ（1色）ではなく、三原色あるいは4色や5色の色光の集合から成っており、その光源色のバランスを調整して「加法混色」により色を作る仕組みになっています。では、そのような光源において、今までの光源の「ナマ」に相当する状態とは、いったいどんな状態でしょうか。仮に、それまで使われてきた白色光源における「ナマ」の概念を敷衍するなら、フルカラーLED光源で「ナマ」に相当するのは、光源の全色をすべて一番明るく点灯した状態だと言えるかも知れません。3色や4色、あるいは5色ある光源のすべてを、全部100%で点灯した状態、これが、「ナマ」に相当するという考え方があり得ると思います。なぜならそれがその光源で作り得る色の中で「最も明るく」、「光源色に手を加えていない」状態だと考えられるからです。

　ではそのようにして、光源色に手を加えず最も明るい状態にした時の光は、何色でしょうか。本稿執筆時点（2021年）で普及している機材で言うと、全色を100%の状態で点灯してみた場合、おおむねどれも白に近い色にはなるものの、見た目で「白」だと思える色になる機種はほとんど無く、薄いピンクや薄い紫になるものが多いです。いずれにしても「ナマ」の色としては受け入れ難いと言わざるを得ないものがほとんどです。おそらく、多くのフルカラーLED光源の機材の設計において、全光源色を100%で点灯することにさほど意味は無いと考えられているのではないでしょうか。

　しかし、全色を100%にした状態というのは、その器具にとって「最も明るく、かつ、色に対して何も手を加えていない」状態で、それは「器具の素の状態」と言うべきものだと思います。それが自然な色の光にならないというのは、白色光源を前提として舞台照明に長年携わっ

て来た筆者のような者にとっては、とても「理解に苦しむ設計」だと言わざるを得ません。

　LED以前の白色光源、すなわちハロゲン、クセノン、メタルハライドの「ナマ」も、それぞれそれなりに違う色であることは確かですが、その相違による違和感はフルカラー LED光源の場合と比べてはるかに小さいと感じます。

　フルカラー LEDの全色を100%にして点灯した状態が「ナマ」として受け入れがたい色だと感じる理由は、（これは筆者の仮説ですが）その色が「黒体軌跡」から乖離しているからだと考えられます。黒体軌跡とは、物を高温に熱した時に放射で発せられる光の色がどのように変化するかを示したものです（図52）。

　物体はどんなものでも高温になると光を発する性質があり、たとえば溶鉱炉で溶けた鉄は、低温で赤く、高温で黄色く光ります。その色が温度とどのように対応して変化するかを示したものが黒体軌跡です。黒体軌跡は赤から始まり、橙、黄から白を経由して薄い青色に至ります。これを実際に観察するにはスライダック（変圧器）に接続した白熱電球のフィラメントを見るのが一番わかりやすいと思います。電球にかける電圧をゼロから徐々に上げていくとまずフィ

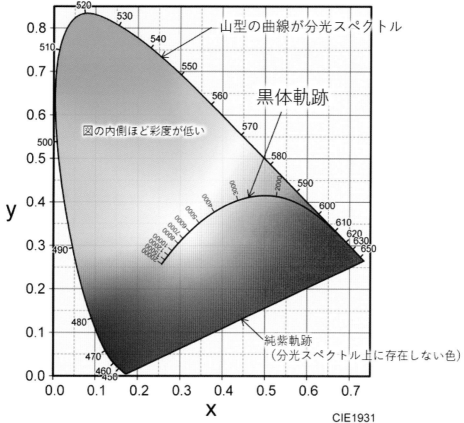

図52　色度図と黒体軌跡

ラメントが赤く光り始めます。そこから電流が上がるにつれてフィラメントの色は橙、黄と変化し、電球の定格の電流が流れている状態ではやや黄色がかった白色に光ります。さらに、定格以上の電圧を電球に加えるとフィラメントはさらに明るく青みを帯び始め、そのあたりで定格オーバーによりフィラメントが切れると思います。この色の変化は、フィラメントの温度変化によるものなので理論的にも黒体軌跡に沿っていますし、実際に肉眼で見てもそのように見えます（フィラメントは純粋な黒体ではないので厳密には少し異なるそうですが）。

　日光や炎など、人類が太古からずっと見慣れてきた光の色は、どれもほとんど黒体軌跡の上にある色です。白熱電球（ハロゲンを含む）は熱放射を発光原理としているので、黒体軌跡に沿った色の、演色性が良い光を放ちます。クセノンランプやメタルハライドランプは、発光のメカニズムに放電を使っているので熱放射ではありませんが、太陽光（黒体軌跡上にある）に非常に近い色を発し、演色性もかなり良いです。つまり、ハロゲン（白熱）、クセノン、メタルハライド、いずれも光の色は黒体軌跡にほぼ沿っている色であり、かつ演色性も良いので、人間の視覚にとって違和感が少ないのだと考えられます。

　しかし、（筆者の私見になりますが）フルカラーLED光源の場合、以前の光源に備わっていた二つの特長である「黒体軌跡に沿った色」と「良い演色性」のいずれか、あるいは両方が不十分だと言わざるを得ないような機種が、多く普及してしまっていると感じています。たとえば、照らされた物の色がなるべく細やかに見えるようなバランスの光（≒白色光）を作ると、黒体軌跡と外れた「不自然」な色になってしまうことが避けられず、また逆に、光の色の自然さを求めて黒体軌跡に沿った色（特にハロゲンに近い色）にしようとすると、加法混色のバランス調整が難しい上に、良い演色性がなかなか得られない、という状況にしばしば陥ります。

　白色光だけでなく色光においても、演色性の点で不便に感じることが多くあります。その大きな理由として考えられるのは、自分自身が照明の色を「色のボキャブラリー」(P.50 参照)で考えている点です。筆者自身の色のボキャブラリーは、ハロゲン光源＋カラーフィルターで作られる色で成り立っています。そうすると、加法混色で色光を作る時もどうしても「このシーンは#67」、「この時は#38」のように、カラーフィルターで得られる色を目指して作ろうとしてしまいます。しかし、目的とするフィルターの色の光が仮にうまくできた（白い物にあてた時にその色になる）としても、ハロゲン＋カラーフィルターで作った色光と、LEDの加法混色で作った色光とでは、「演色性」が多かれ少なかれ異なります。つまり、白い物にあてて同じ色に見えても、「色のついた物を照らした時の色」は異なってしまうことが珍しくないわけです。

　そして、舞台照明で照らす対象（被照体）は、純白の物はそう多くありません。被照体となるのは人物の肌をはじめ、そのほとんどが白くない物です。ですから、白色の物体に照らして目的の色が一旦は「できた」と思っても、舞台のセットや出演者の肌のような、色のついた対象を照らしてみると、「色映え」が全く異なるという事態が生じます。そうなると、色のボキャブラリーに沿って色を作ったつもりが、「やっぱりまだ違う色だ」と感じてしまい、そこで照らしている対象（たとえば出演者の肌）に光をあてた状態でもう一度色を修正し、その修正

した色で、また別の物を照らして見ると「前よりもっと違う色」に見えてしまう……、という
ような、終わりの見えない「堂々巡り」に陥りそうになることもあります。

　ところで、このことが問題になるのは、照明が「被照体を照らして見せる」という役割を担
う場合のみです。照明は、その役割として「被照体を照らす」ことと、その他に「可視イメー
ジを見せる」ことができるのでした（「第3章 光によるイメージ」参照）。可視イメージを見せる場合、
「投影」、「ビーム」、「光源の配置」の三つの方法があるという説明をしましたが、そのいずれ
の場合も、見せる対象は光源自体あるいは白い物（ホリゾント面やスモークの微粒子）ですの
で、演色性は関係しません。

　被照体を照らして見せるという役割において、光源にフルカラーLED（＝加法混色で色を
作る光源）の機材を使用する際には、以前の光源ではほとんど考慮する必要のなかった「演色
性」についても注意しなければならないということ。この点は、フルカラーLED光源が登場
したことで発生した、舞台照明デザインの新しい課題だと言えると思います。

第8章

舞台照明についての考察

　前章まで、舞台照明の構造や仕組みとその考え方について、色々な角度から考察を進めてきました。前章までの内容は、大きく二つの領域として捉えることができると思います。

　一つは、物理現象としての光や人の視覚の働き、それに対する科学的理解など、「自然科学」の領域の事柄です。たとえば光の色や角度が被照体の見え方に与える影響や、面に影が生じる仕組み、脳による色の認識といったことについて考察をしました。

　そして、もう一つの領域は、それら自然科学的な事柄を踏まえた上での、人間がこれまで照明のために作り上げてきたさまざまな物とその歴史、およびそれらを生み出した考え方です。たとえば各種の照明器具の構造や仕組み、カラーフィルターやフルカラー LED光源による色の作られ方、そしてそれらを制御するための調光の仕組みや制御の考え方などについて考察をしました。

　舞台照明の知識や技術は、これら二つの領域を網羅すれば十分であると思われがちです。確かに、完成した舞台作品について、その照明の構造や仕組みを理解し分析しようとすることが目的であるなら、上記の二つの領域、すなわち「自然科学」と「照明のために作られた物」について知れば十分かも知れません。しかし、舞台の作り手の側に立ち、照明をこれから作ろうとする、あるいはその効果を使おうとする場合は、照明を作る「動機」についても考える必要があります。光や視覚のことをどれほど深く理解しても、あるいは照明機材や照明設備についての知識をどれだけ膨大に得ても、それだけで照明ができるようになるわけではありません。それらの知識や理解を踏まえた上で、「照明の効果が欲しい」、「照明家として作品に参加したい」と考える"意志"があって初めて、舞台照明を生み出すことができるのです。

　本章で考察しようとしているのは、この「意志」についてです。意志というものは人の心の中にあるものなので、それについて一般論を述べることは大変難しいです。多数の照明家にインタビューするなどの統計的な手法を使えば、ある程度の客観的なデータを得ることも可能だとは思いますが、それは今の筆者の手に余ります。そこで本章からは一般論ではなく、筆者である私個人が、一人の照明家として考える舞台照明についての考察を、一つの仮説として述べることにしたいと思います。

8-1 舞台とは

　舞台照明について考える上で、まず、そもそも舞台とはどのように定義づけられるかについて考えておきましょう。すぐ考えられる定義は、物理的構造としての「舞台」です。それは劇場建築であれば作りつけられた「舞台部分」ということを意味しますし、仮設の現場であれば、たとえば平台やスチールデッキでかさ上げされた部分のことを指すでしょう。「この舞台の奥行きは○○メートルです」という時の「舞台」という言葉は、物理的な構造物としての「舞台」のことを指しています。

　しかし、「舞台」という言葉は必ずしも物理的な構造だけを指すわけではありません。「今日はハレの舞台です」という表現がありますが、そういう時の「舞台」は、物理的な構造としての舞台部分のことではありません。「ハレの舞台」という時の「舞台」には、それまでの膨大な準備あるいは長い期間を経て、ついに他者に見てもらうことができる大切な場、という含意があり、その具体的な場所は必ずしも物理的構造としての舞台でなくても良いのかも知れません。また、「やっと舞台が完成しました」という言い方は、それは舞台の大道具（舞台装置）の仕込み・セッティングが完了したという意味で使われることもありますが、出演者のリハーサルなどを申し分なく終えて「舞台作品が上演できる状態になった」という意味で使われることもあり得ます。後者の場合、「舞台」という言葉は物理的な構造を指しているわけではなく、観客に見てもらおうとしている舞台作品の全体を指しています。ではそのように、「舞台」という言葉が物理的な構造でない意味で使われる場合、それはどういう定義で使われているのでしょうか。

　いろいろな考えがあり得ると思いますが、（物理的構造でない）「舞台」とは、「観客から見られる状況にある場」、という定義をここでは提案したいと思います。その最もミニマルな例としては、演出家ピーター・ブルック（Peter Stephen Paul Brook, 1925〜）の著作『なにもない空間（The Empty Space）』の冒頭の有名な記述をあげることができるでしょう。

> 一人の人が何もない空間を横切るのを、他の誰かが見ている、これだけで劇は成立する
>
> 　　　　　　　　　（『The Empty Space』Peter Brook 1968, Nick Hern Books 2019, 筆者訳）

　ここでは、一人の人を別の人が見ているだけで舞台が成立する、というようなことが述べられています。しかし、私たちは普段から他者とともに現実世界の中で生活をし、それをお互いに見たり見られたりしています。そのたびにいちいち「舞台」が成立しているのかというと、あまりそういう感じはしません。それはなぜかと言うと、普段の生活の中では誰もが対等な関係であって、互いに見たり見られたりしているとしても、その「見る／見られる」の関係が定まったものではなく、たまたまその時々に瞬間的に生じているだけだからだと思います。ですから逆に、仮に普段の日常生活の中であっても、「見る／見られる」の関係がある程度固定化

するような局面が生まれれば、そこに舞台らしき状況が成立することもあります。

　たとえば、仲の良い友人どうしが誰かの家に集まってホームパーティーを開いているとして、その場に流れている流行の音楽に合わせて数人が歌を歌っている、そんな場面を思い浮かべてみてください。皆がその場で歌っている時は、互いに対等な状態ですので、お互いに視線を交わしても「見る／見られる」の関係は瞬間的なものに過ぎません。しかしそこで、その内の一人が立ち上がり、完璧な振りで見事なダンスを踊り始めたとしたらどうでしょう。そして、他の皆がその一人に注目し、場が大きく盛り上がるような状況が生まれたとします。この時、踊っている一人の人は明確に「見られる」側の立場となり、周囲の皆は「見る」側の立場に自然に固定化された状況が生じています。こんな時には、そこには物理的構造としての舞台は全く存在しませんが、人と人との関係の中で「舞台」らしき状況がそこに成立しているということが言えます。

　そして、その踊っている一人の人を、ライトの光によって照らしたいという“意志”が生じたとしても、全く不思議ではないでしょう。さらに、そのような“意志”を持った人の中に、照明についての具体的な知識と技術を持つ人がいて、その場にあり合わせの照明器具を使って実際に光をつけたとしたら、それはもはや一種の「舞台照明」だと言っても良いと思うのです。

　このように「舞台」という言葉について考察してみると、それは実際には二つの意味で使われている、ということがわかります。

　　１．物理的な構造物という意味の「舞台」
　　２．見られる状況にある場という意味の「舞台」

8-2　舞台照明とは

　そして、上記の例の中にも表れている通り、「舞台」という言葉についての考察は、そのまま「舞台照明」という言葉にも敷衍できます。すなわち、「舞台照明」という言葉にも、実は二つの意味があると言えます。

　　１．物理的な機材・設備・手法としての「舞台照明」
　　２．見られる状況にある場に対して与えられる光という意味での「舞台照明」

　１は専門分野としての「舞台用の照明機材とその扱い」といった意味であり、前章までで解説した舞台特有の照明機材や照明設備と、その取扱いのことを指しています。一方２は、より観念的な、「演じられる場に対する光」としての照明を意味します。たとえば先ほどのパーティーのたとえで、踊っている一人の人にあてられる照明のことを一種の「舞台照明」だと述べましたが、それは舞台用の機材を使うという意味ではなく、その場に生じている「舞台」らし

き状況の中で点けられる光のことを指していました。つまり２の意味での「舞台照明」ということになります。

　別の言い方をするなら、１の意味での「舞台照明」とは、舞台（物理的な構造物としての）における“照明のための物品とその取扱い”ということを指し、２の意味での「舞台照明」とは、舞台（見られる状況にある場としての）における“光による効果”のことを指しています。「舞台照明」という言葉には、これら二つの意味が含まれていると考えられます。

　一般には「舞台照明を学ぶ」とは、これら１と２の両方を学ぶということを意味します。すなわち、舞台用の機材や設備、それらを生かす手法などについて専門的な知識や技術を学ぶ（＝１）と同時に、舞台作品全体に対してどう向き合い、そのための光をどう考え、どう具体化するのかを学ぶ（＝２）ということです。

　「舞台照明」という言葉はこれまで、これら二つの意味があまり区別されず、混同して使われて来たように思います。ここであらためて、この二つを明確に意識し、区別して考えるということを提案したいと思います。

　前章までで、舞台照明についてのさまざまな解説をしてきましたが、それらはすべて、上記で言う１の意味での「舞台照明」、すなわち専門分野としての舞台照明の解説でした。

　しかし、舞台作品における照明の果たすべき役割や、照明が舞台上で作り出す表現の意味といったところまで考えるためには、「舞台照明」を２の意味でも捉えて考える必要があります。なぜなら、照明デザインを生み出すためには、「照明で何ができるか」ということを考えるだけでは十分ではなく、「照明は作品において何をすべきか」ということまで考える必要があるからです。本章以降では、２の意味での舞台照明の考察が中心となります。

　ところで、舞台照明を解説した書籍はこれまでいくつも刊行されていますが、その多くが、冒頭近くの章で照明の意味や役割（＝２の意味）についての考察や解説をしています。本書はあえてその方法にならわず、舞台における照明の意味や役割の議論を、後半である本章になって初めて持ち出しました。なぜそのような構成にしたかというと、照明の意味や役割（＝２の意味）を深く考察するためには、どうしても、専門的な技術や知識の概要（＝１の意味）についてある程度は理解しておく必要がある、と私が考えているからです。

　前章まで長々と解説して来た照明に関するさまざまな知識は、本章以降で展開される「舞台作品における照明の意味や役割」についての考察を理解するための、予備知識としても生かされるはずです。

8-3　舞台照明の位置づけ

　では、舞台作品の中で照明とはどのように位置づけられるのでしょうか。これについて、これまで多くの人が指摘しているのは、

　舞台における照明はその舞台作品の一部分として位置づけられるのであり、照明単独で作品

となるわけではない

ということです。たとえば日本における演劇の照明の先駆者の一人である穴澤喜美男（1911～1974）は、その著書『舞臺照明の仕事』の中で次のように述べています。

> 舞台照明は複雑に綜合されている演劇の中の構成要素、つまり演劇の中の一部分であり、他の芸術、小説とか絵画のように、それ自体独立した芸術ではなく、演劇を構成している他の要素と有機的に関連し発現（中略）した時、初めて舞台照明として対照され、評価され、その芸術性が発揮される性質のものである。
>
> （『舞臺照明の仕事』穴澤喜美男 未来社 1953 P.5）
> ＊旧字体は新字体に書き替えました。

また、日本における舞踊やミュージカルの照明の先駆者の一人である大庭三郎（1912～1998）も、著書『舞台照明』の中で次のように述べています。

> 舞台照明がなければ，幕は開きません．しかしそれほど重要でありながら，それが演劇，舞踊のなかにとけこんでいて，目立って飛びだしてくるものではありません．
> 舞台照明が目立って飛びだしていたら，それは「ライティングショウ」であって，本当の舞台照明ではないのです．
>
> （『舞台照明』大庭三郎 オーム社 1976 P.5）

このように、舞台照明は、それ単独で独立した芸術だとは言えず、したがって舞台作品の中で照明だけが目立つべきではないということを、数多くの照明家が異口同音に述べています。

ただその意味するところは、あくまで、舞台作品を構成する中での照明の位置づけのことであって、照明それ自体が単独の表現手段となることまで完全に否定しているわけではないと思います。大庭はここで「ライティングショウ」という言葉を否定的な意味で用いていると思われますが、それは「舞台照明」のあるべき形ではないということを述べているのだと思います。

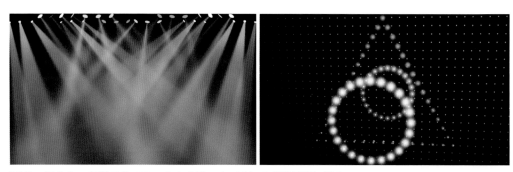

図53　何もない空間でのスモーク中のビーム（左）と光源配置（右）　※Captureによるシミュレーション

舞台照明とは全く別のあり方として、あえて「ライティングショウ」のようなことを意図した、照明そのものを単独で見せようとする表現は有効だと思います。その表現形態まで否定するべきではないでしょう。

　たとえば、スモークを充満させてビームを見せたり、あるいは光源を配置して空間を埋めるという手法は、いずれも光によって可視イメージ（P. 39 参照）を作り出す手段です。それらは照明以外に全く何も存在しない空間でも実現することが理論的には可能ですし、それは芸術表現として十分に有効な方法だと思います（図53）。実際、そういった光の手法を用いた芸術作品が数多く存在しています。

　つまり、照明そのもの（光）がそれ単独で十分に芸術表現となり得る力を持っているということを、まずしっかりと理解しなければなりません。それを理解した上で、舞台においては、照明が舞台作品から独立した単独の表現となってしまわないように、あえて舞台作品の表現の「一部分」であろうとする“意志”を持つということが大切なのです。そして、照明が一部分を成しながら作品全体を完成させることができてこそ、その照明を「舞台照明」と呼ぶことができるのだということです。

　照明が舞台作品の一部分を成すのだとすれば、照明を作るためには、その舞台作品全体の意図を理解していなければならないはずです。このことについて、穴澤と大庭はそれぞれ下記のように述べています。

　　演劇を構成する各要素の担当者は、戯曲の要求と演出の意図を充分知りつくさなければならない。演劇のすべてはここから出発する。照明もまたこの認識によって出発しなければならないのは当然である。

（『舞臺照明の仕事』穴澤喜美男 P.7 〜 8）

　　ここで最も大事なことは，舞台照明とは演劇・舞踊・ミュージカルなど上演されるその本体をよく理解していなければ，舞台に単なる光は出ても，本当の光の絵にはならないむずかしさがあることです．

（『舞台照明』大庭三郎 P.12）

　ではその「作品全体の意図」というものが仮に理解できたとして、照明はその中でどのような位置を目指せば良いのでしょうか。作品の意図は作品それぞれで一つ一つ異なります。だとすれば、作品によって照明の位置づけも一つ一つ異なっていて、照明の作り方も作品によってそれぞれ全く異なるものなのでしょうか。

　しかし、ほぼどんな作品に参加しても「良い照明」を作ることのできる照明家が、実際には存在します。どんな作品でも、どんなジャンルでも、その作品に応じた「良い明かり」を作ることができる優れた照明家が確かに存在するのです。そのような照明家たちは、技術や手法をただ身につけているだけでなく、それらの「適切な生かし方」を知っているということが言え

ます。作品の内容に応じて、その場に合った適切な手法をうまく生かすことができるのです。

　そのような照明家たちが持っている能力とは、いったいどんなものなのでしょうか。優れた照明家たちは、なぜその場に合った照明を繰り出すことができるのでしょうか。やはり、舞台照明家としてのあるべき姿、あるいは取るべき態度として、どんな舞台にも共通する何らかの原理または原則のようなものがあるのでしょうか。

　そのことを考えるためのヒントとして、日本の舞台照明の先駆者の一人である小川昇（1898-1995）が、その著書『生涯現役』の中で述べている言葉を紹介します。

　　　完全な芝居というものはまん丸な玉のようなものでなくてはならない、と僕は言っています。芝居は、俳優の芸、演出、美術、照明、音響など、いろいろな専門家の力が、演出を中心にうまく溶け合って、一つの丸い玉のようになった時、完成したと言えるように思うのです。その中で何か一つバランスが崩れると、こぶが出来たり歪な玉になってしまいます。

　　　当然、内容によって丸い玉の中身は違いますが、こぶや歪にならないように、それぞれの専門家が玉の中でうまく調節をとらないといけません。それぞれの人が、総合芸術であるということを常に頭に入れ、全体の効果を考えて芝居をつくらないと、丸い玉にはならないように思います。

（『生涯現役 舞台照明家・小川昇の一世紀』小川昇　小川舞台照明研究所 1997 P.182）

　ここで小川は、舞台作品（この場合は芝居）を"丸い玉"にたとえ、作品づくりに参加する専門家たちがすべきことは、皆が協力して一つの丸い玉（作品）を作ることなのだということを言っています。全体が丸い形に整った時が作品の完成であり、その時の照明はその丸い玉の一部分となっている、という意味なのだと思います。また、文中で「内容によって丸い玉の中身は違いますが」と述べていることからわかるように、これはどんな内容の作品であっても共通して言える考え方であるということがわかります。

　舞台は総合芸術であり、出演者やスタッフが協力し合って作り上げるものです。それを説明するには色々な比喩が考えられると思いますが、この"丸い玉"というたとえは実に的を射ていると私には感じられます。もしも出演者やスタッフが、それぞれ勝手に自分なりの完成形（自分だけの丸い形）を作ってしまって互いに譲らない状態では、それが集まっても大小の硬い玉が一カ所に固まっただけで、全体としては凹凸のある塊にしかなりません。そうではなく、集まる時に互いに自分の形と周囲の形の合わない部分を調整し、それぞれが変形し合いながら結合し、集まった全体で丸い形を作ることを目指すべきだと小川は言っているのだと思います。この比喩は、総合芸術としての舞台作品づくりを実に的確に表していると感じます。

　ではそのように、"全体で丸い玉を作る"ためには、照明はいったい何をすれば良いのでしょうか。それについての私なりの考えを、以下に述べていきたいと思います。

8-4　舞台で表現されるもの

　演劇・舞踊・音楽といったジャンルを問わず、表現としての舞台作品を作ろうとするからには、舞台上に何らかの「見て欲しい存在」を作ろうとしているということ、これは間違いのないことだと思います。舞台は、観客から見てもらえなければ、作品として存在することができません。

舞台作品は舞台上に「見て欲しい存在」を作ろうとしている

　この「見て欲しい存在」というのは、必ずしもその場に実在する出演者だけとは限りません。たとえば、その出演者の演じる物語を通じて、登場人物の「心の弱さ」を表現したいという作品もあるでしょう。その場合、その「心の弱さ」という抽象的な概念を、直接に目に見える状態にして舞台上に現出させることは困難です。しかし、ある程度の時間を使って物語を紡ぎあげ、その物語全体を通じて、「心の弱さ」の存在を観客に確信させるということなら、十分にできる可能性があるでしょう。

　つまり、舞台作品が舞台上に何らかの「見て欲しい存在」を作ろうとしていると言っても、それは必ずしも物理的に実在するものだけとは限らないわけです。作ろうとする表現の内、物理的に存在していない部分については、観客の心の中に想起されるイメージによって構成されるということになります。物理的に見えているものは、あくまで舞台表現の素材の一部に過ぎません。舞台作品の表現においては、舞台上に見えている事象に加え、観客一人一人の心の中に個別に想起されるイメージ（以降「可視イメージ」と区別するために「心的イメージ」と呼びます）もまた、表現の素材となります。それら、目に実際に見えているものと、心の中に見えてくる心的イメージとを融合させることによって、それ全体が表現となるわけです。

　話をわかりやすくするため、一旦、映像（ここでは映画とテレビ）を例に考えてみましょう。映画作品は、100％、スクリーンに投影された「可視イメージ」（P.39 参照）でできています。物理的な形や重さを持った実在物は、映画作品の中には全く含まれていません。しかし、その作品を通じて表現したいことが、可視イメージ（画面）そのものだけというわけでもないと思います。表現としての映画は、その映像（可視イメージ）を通じて、観客の心の中に何らかの「心的イメージ」が想起されることを意図しています。映画は基本的に事実を写したものではなく、俳優が演ずるフィクションを撮影したものです。ですから、作り手としては、映像に写っている出来事そのままを事実だと信じて欲しいのではありません。映像に映し出される事象をつなぎ合わせた「物語」（という心的イメージ）が観客の心の中に想起されることを期待しているのだと思います。

　一方、テレビにおけるスポーツの実況中継はどうでしょうか。テレビ画面に映し出されているスポーツ競技も100％可視イメージですが、それは実際に競技場で起こっている事実をその

まま映したものです。また、その事実だけが番組で伝えたいことのすべてです。映画の場合は、演技を撮影して作った可視イメージを材料として、何らかの心的イメージが鑑賞者の心の中に想起されることを意図しているのでした。しかし、スポーツ実況中継番組にはそのような意図はありません。単に、現実世界にあるスポーツ競技会場から遠方にいる視聴者へ、事実情報を伝達することだけを目的としています。

では、舞台作品の場合はどうでしょうか。舞台作品の場合、観客に直接的に見えているのは、登場している実体物（出演者や舞台装置など）と、照明効果や映像効果によって作られる可視イメージだと言えます。映画やテレビの場合は、観客（視聴者）にとって直接的に見えている視覚表現は可視イメージ（映像そのもの）だけですが、舞台の場合は、観客に直接的に見えているものとして、まず舞台上に実在している出演者や舞台セットがあります。それに加えて、効果として照明や映像によって作られた可視イメージが舞台上にある場合も多いです。舞台上の可視イメージとは、たとえば舞台上にスクリーンがあってそこにプロジェクターで写真が投影されているとか、エフェクトマシンによってホリゾントに雲が流れているとか、舞台がスモークで満たされていて照明機材が発した光のビームが見えているといったケースです。それらの"写真"や"流雲"や"ビーム"は実体物ではなく光で作られた「可視イメージ」であり、それらも舞台の視覚表現の一部を構成します（「第3章 光によるイメージ」参照）。

ではそれら、実在する出演者や舞台セットおよび、光で作られた可視イメージを使って、舞台はいったい何を表現しようとしているのでしょうか。

たとえば演劇の舞台の場合、登場している俳優はフィクションを演じています。映画の場合がそうであったように、演劇においても、俳優の演技を通じて、少なくとも「物語」（という心的イメージ）が観客の心の中に想起されることを期待しています。しかし、舞台で表現したいものは心的イメージが主なのかというと、そうとも言い切れません。舞台上には"明確な事実"として俳優の身体や舞台セットが存在しており、その明確な事実たる存在もまた、表現したいものであるかも知れないからです。

わかりやすい例として、服飾のファッションショーの舞台を考えてみてください。ファッションショーも舞台の一つの形態だと言えますが、そこで見せようとしているのは、目の前の舞台上にいる存在（モデルが着用している服飾）そのものです。つまり、舞台上に確実に存在している"明確な事実"を見せることこそが目的であり、そこに存在していない概念やイメージは（演出効果として若干あり得ることまでは否定しませんが）、基本的に表現したいものには含まれていません。観客がその場にいる目的も、目の前の"明確な事実"として存在している服飾などを自分の目で間近に見ることこそが目的であり、その場に無い何かをイメージとして想起するようなことは、基本的に求めていないと言えるでしょう。ファッションショーの様子はカメラで撮影することもできますが、そうして撮られた映像や画像（可視イメージ）を通じて見えるものは、実際に舞台を直接見る場合に比べ、かなり限られます。たとえば服飾の素材の繊細なテクスチャや、衣服全体の立体的なバランスなどについての情報が、かなり削られるということは否定できないでしょう。ファッションショーの舞台は、"明確な事実"として目

の前に存在している「現物」を見る／見せることこそが目的で、それが、表現したいもののほぼすべてだと言えます。

つまり、舞台が何を表現しようしているかを考えた時、舞台上に存在している事実そのものを伝えようとするケース（ファッションショー）もあれば、舞台上の演技を通じて何らかの心的イメージを伝えるケース（フィクション）もあるということです。その中間（あるいは両方）も当然あるでしょう。

演劇の舞台上で、実在している俳優や舞台セットによって引き起こされている"明確な事実"が、どこまでその作品にとって必然なのか、それは見ている側には簡単には判別できません。舞台上に実在している俳優の身体が生きて動いているという事実が、その作品の表現にとってとても重要なことなのか、それとも、さほどでもないのか。たとえばスクリーンに映し出された俳優の演技を舞台上のスクリーンで再生することによってもその作品は成立するのか。そういったことは作品によって、また作り手の意図がどうであるかによってさまざまに異なるのであり、「舞台の場合はこうだ」などと一概に言えるものではありません。

ここまでの話を表にまとめましたので考察の参考にしてください（図54）。

媒体	内容	視覚表現の手段	表現されるもの
映画	劇映画	・映像（可視イメージ）	・物語（心的イメージ）
テレビ	スポーツ中継番組	・映像（可視イメージ）	・スポーツ競技（事実）
舞台	ファッションショー	・実体（モデルが着用した服飾）	・舞台上の現物（明確な事実）
舞台	演劇	・実体（俳優や舞台セット） ・映像やホリゾント（可視イメージ：二次元） ・照明のビーム（可視イメージ：三次元）	・物語など（心的イメージ） ・俳優の身体など（明確な事実）

図54　各種の視覚表現の比較

8-5　舞台における照明の目的

整理すると、舞台作品においては、表現されるものは次の二つの要素のいずれか、ないし両方で構成されるということになります。

A）明確な事実（舞台上で実際に起きている事象の内、表現として意図されたもの）
B）心的イメージ（舞台上に実際にはないが観客の心の中に想起されるもの、たとえば物語など）

これは要するに、表現したいものは、A＝「舞台上に実際にあるもの」と、B＝「舞台上に実際にはないもの」で構成されるということです。このことは一見「あたりまえ」に感じられるかも知れませんが、これら二つが"混在"しているということこそが、舞台の大きな特徴だと言えるのです。

舞台以外のほとんどの芸術表現は、実体そのものを表現とするもの（絵画、彫刻、書画など）と、実体ではなく作品から想起される心的イメージを表現とするもの（映画、文学、デジタルコンテンツなど）とに分類できます。前者は形や重さのあるもの（ハードウェア）による表現であり、後者は情報（ソフトウェア）による表現です。前者に分類される作品は形も重さもある実体物ですから、作品そのものはこの世に一つしか存在せず、その完全な複製を作ることは原理的に不可能です。複製品はあくまで複製（レプリカ）に過ぎません。一方後者に分類される作品は、作品自体が情報でできていますから、その価値を100％保ったまま完全な複製を作成し、頒布することが原理的には可能です。

　では舞台はどうかというと、これら両者が混在している表現だということができると思います。基本的には、実際に舞台上に存在している唯一無二の実体こそが表現であり、複製はできないということが言えそうですが、考えてみれば一つの公演は複数回の本番が行われますし、公演回によって同じ役を二組の俳優が交代で演じる（ダブルキャスト）ということもあり得ます。キャストが違っても台詞は同じで、台詞だけを取り出して考えればそれは情報ですから完全複製が可能です。

　しかし、ダブルキャストのどちらかが複製品（レプリカ）ということではなく、どちらが演じているのも本物の作品です。二組のキャストが演じる二つの舞台は、別の公演とも言えるし、同じ一つの公演とも言えます。このように、舞台作品には複製不可能な実体としての表現と、複製可能な情報としての表現とが混在しており、その境界線は作品によってさまざまであり、かつ曖昧です。作り手の側がその境界線をあまり意識していないことも多いでしょう。

　舞台作品はこのように(a)実体と(b)情報という二つの要素から成っており、この二つを表現の素材としています。そして（ここがちょっと紛らわしいのですが）、これらの素材、(a)実体と(b)情報を使って、先ほどあげた二つの表現を作ろうとするわけです。

　Ａ）明確な事実（舞台上で実際に起きている事象の内、表現として意図されたもの）
　Ｂ）心的イメージ（舞台上に実際にはないが観客の心の中に想起されるもの、たとえば物
　　　語など）

　(a)実体は実在していますので、Ａ）明確な事実を引き起こすことができます。また、(a)実体は物語を演じることができますから、Ｂ）心的イメージを想起させることもできます。一方、(b)情報は、形や重さが無いので、Ａ）明確な事実を舞台上に実際に引き起こすことはできません。(b)情報によって表現できるのはＢ）心的イメージだけです。

　つまり、表現とその素材を並べるとこうなります。

　Ａ）明確な事実　　：(a)実体によって引き起こされる
　Ｂ）心的イメージ　：(a)実体と、(b)情報によって観客の心に想起される

では、照明は、ここにどう関係してくるでしょうか。それを確かめるために、P.43で考察した「舞台照明でできること」をもう一度見てみましょう。

　舞台照明でできること
　　１．舞台上に実在する人や物を光で照らして見せる（前からあてる or 裏から透かす）
　　２．舞台上にある面を使って二次元の絵柄を見せる
　　３．スモークを使って三次元のビームを見せる
　　４．光源を見えるように配置して空間を埋める

　この４項目のリストは、（P.43での考察を思い出せばわかるように）、大きく二つに分けることができます。すなわち「1」と「2、3、4」です。「1」は、実体物を照らし出す働きであり、「2、3、4」は可視イメージを作り出す働きです。
　「1」の働きによって照らし出される実体物は、文字通り(a)実体だということが言えます。
　そして、「2、3、4」の働きによって作られる可視イメージは、(b)情報です。(a)実体ではありません。「2.平面に投影される絵柄」も、「3.スモークで作り出されるビーム」も、「4.光源配置で埋められた空間」も、いずれも実体ではありません。それらを作り出す光源（機材）は実体物ですが、作り出される効果、すなわち絵柄、ビーム、空間は、いずれもイメージ（情報）であり、実体ではありません。
　読者の中には、スモークの中に現れる迫力のあるビームが、実体ではなく情報だと言われても、すぐには納得できない人がいるかも知れません。しかし、ビームは実体ではありません。繰り返しますが、ビームを生じさせる照明器具は、たしかに実体です。また、照明によって照らされるスモークの微粒子も実体です。ですが、その結果として見える（と感じられる）ビームは、イメージに過ぎず、実体ではありません。それは、スクリーンに映し出された映画の登場人物が実体ではないのと同様です。映画の場合、映写機は実体物ですし、スクリーンも実体物です。しかし、それらによって映し出される映画の中の人物はイメージであり、実体ではありません。
　「2、3、4」の働きで作り出される可視イメージは、(b)情報ですから、舞台上に何らかの事実を引き起こす力はありません。観客の心の中に心的イメージを想起させる力はありますが、物理的な実体ではないので、物理的な変化を引き起こすことはできません。
　以上の考察から、舞台の表現に対する照明の関わりは、下記のようになることがわかります。

　　A）明確な事実　　：(a)実体（「1」の働きで照らされる）によって引き起こされる
　　B）心的イメージ　：(a)実体（「1」の働きで照らされる）と、(b)情報（「2、3、4」の働きで作られる）
　　　　　　　　　　　　によって観客の心に想起される

　同じことを整理して書き直すと次のようになります。

舞台照明による舞台表現への関わり
　　A）光を使って舞台上に起きている明確な事実を照らし出す
　　B）可視イメージを使って観客の心に心的イメージを想起させる

　ところで、P.91で次のような考察をしました。

舞台作品は舞台上に「見て欲しい存在」を作ろうとしている

　ということは、照明がすべきことは、A）舞台上に起きている明確な事実と、B）舞台上に実際にはない心的イメージ、これら二つを「見て欲しい存在」となるようにすることです。そのためには、それらの「実在感（リアリティ）を高める」ことが重要で、それは舞台照明によって可能であり、それこそが舞台照明の目的だと私は考えています。事実であれイメージであれ、そこに「実在感がある」と感じられてこそ、それを観客は見ようとするわけです。この「表現したいものの実在感を高める」ということこそが、舞台照明の目的であると、私は考えています。舞台上にあるものにしろ、無いもの（＝心的イメージ）にしろ、見せたいものがあるのなら、それに実在感を与える（あるいは高める）こと。これが、舞台照明の究極の目的であるというのが、私の考えです。それが、後述するように"全体で丸い玉を作る"(P.90 参照)ことにつながるのです。

舞台照明の目的は、表現したいものの実在感を高めることである

　この定義は、私は自分の創見だとは考えていません。第1章の最後に紹介した、遠山静雄博士による「照明の四つの作用」をもう一度見てください。

　　1）視覚：光の明るさや角度を整えて舞台の見やすさを提供する
　　2）写実：実在の光を模倣することにより場面設定を現実らしく見せる
　　3）審美：光の方向や色の工夫により舞台を美しく見せる
　　4）表現：光の色や明るさを使って心理的な感情などを表現する

　遠山博士が提唱するこの四つの作用は、すなわち、上述の「表現したいものの実在感を高める」という照明の目的と同じことを四つの観点から述べたものである、と私は捉えています。すなわち：

　　1）視覚：舞台上の身体の実在感を高める
　　2）写実：舞台上の環境の実在感を高める

3）審美：舞台上の生命の実在感を高める

　4）表現：舞台上の心理の実在感を高める

　逆に言えば、ここで提示した「表現したいものの実在感を高める」という“照明の目的”は、遠山博士の提唱した四つの作用に通底する意味を説明して見せたものである、という言い方もできます。

　一般には、舞台（とりわけ演劇）における照明の役割として、舞台上に設定されている場所や季節、時刻、天候などを光によって表す（説明する）のが基本であると考える人が多いように見受けるのですが、それは照明の役割のごく一部（「写実」のみ）を言っているに過ぎません。照明は、舞台上の存在に対してさまざまな角度から実在感を与える力があり、それら全体が照明の役割であると私は考えています。

8-6　写実の限界

　上述したように、遠山博士が四つの作用の二つ目としてあげている「写実」が、照明の重要な役割だと捉えている人が一般には多くいると考えられますが、舞台上にどれほど写実的なもの（セットや照明）を作っても、それを本物だと信じる観客は、実際には一人もいません。たとえばローマの街を舞台にした演劇だとして、いくら舞台上に本物の石畳を敷き、本物のレンガの家を建て、直射日光と同じ明るさの照明を差し込ませたとしても、そこを実際にローマの街だと間違える観客は一人もいないでしょう。いくら写実的に舞台を作ろうと、それが観客席と同一空間にある以上、そこが劇場であるという認識を観客が忘れることは決してありません。つまり、舞台においては、本物のように見せるという意味では、写実という手法は初めから無効なのです。ですが、写実という手法そのものが全く無意味かといえば、決してそんなことはありません。写実の目的は本物と見間違えさせることではなく、観客が持つ心的イメージと連結させることにより、全体としてリアリティを実感させることだからです（後述）。

　映画や映像の場合は、このあたりの事情が全く異なります。映像の中のローマを舞台にしたシーンは、本当にローマの街に見えます。それは、実際にローマの街で撮影された映像かも知れませんし、作り物のセットでローマに見せているだけの可能性もあります。どちらにしても、見ている者がその映像を見て、そこが本物のローマであると信じることは十分にあり得ます。

　舞台上に作られたセットを本物のローマだと信じることはあり得ませんが、映像のために作られたセットだとなぜ本物のローマだと信じる可能性が生じるのでしょうか。その理由は、映像が「二次元だから」です。映像は可視イメージだけでできており、そこに実体物は一つもありません。実体物が無い二次元の中で世界が完結しているからこそ、観客のいる三次元世界と完全に切り離され、その切り離された「異世界」の中にリアリティを感じることができるのです。

　そこから逆に考えてみると、舞台の場合、舞台上の世界と現実世界（≒観客席）との断絶が

強いほど、舞台上の写実手法にリアリティを持たせやすいということが言えそうです。反対に、舞台上に繰り広げられている世界が現実世界に近いほど、舞台上の写実手法は真実味が失われて（嘘っぽく）感じられるということが言えると思います。その意味で、劇場によく備えられている"プロセニアムアーチ"（額縁）は、舞台上の写実手法のリアリティを補強することを目的に、舞台世界と現実（観客）世界を断絶させるために作られた仕掛けだと捉えることができます。

8-7　実在感を高める方法

　このように、舞台で行う「写実」は、原理的なレベルで限界があります。そのような条件下で、どうすれば表現したいものの実在感を高めることができるのでしょうか。そのための具体的な方法は何かあるのでしょうか。これについては、20世紀のアメリカの心理学者ギブソン（James J. Gibson, 1904-1979）が切り拓いた生体心理学の中に、そのヒントがあると私は考えています。

　ギブソンとその後継者の学説が紹介されている本（『アフォーダンス 新しい認知の理論』佐々木正人 岩波書店 1994）で得た私の大雑把な理解ですが、人が何かの対象の実在感を認知するのは、その対象の持つ複数の不変要素＝不変項（Invariant）を同時に読み取った時だそうです。だとすれば、舞台上にある何らかの対象に実在感を与えるには、その対象が持つ複数の不変項を取り出し、それを観客に情報として提示するという方法が有効だということが言えます。これだけでは何のことかわかりにくいと思うので具体例で説明します。

　たとえば、舞台上に「雷」を起こしたいとします。そこで雷の光を模して、舞台セットの窓の外に明るい光をピカッと一瞬光らせたとします。しかし、それだけではその光がいったい何の光なのか、観客がすぐに理解するのは困難でしょう。雷らしく見せるために、光の点き方や明るさ、色み、方向性などをできるだけ写実的にするべく頑張っても、それだけでは雷のリアリティはなかなか出てこないと思います。しかし、そこで効果音を併用して、ピカッと一瞬光った少し後に「ゴロゴロ」という雷の効果音を鳴らせば、それが雷であることが直ちに観客に伝わります。逆に、効果音だけでは、やはり、観客がそれを雷だと認識するのは難しいでしょう。光と音という二つの要素が組み合わさるからこそ、雷のリアリティを作り出せるのです。

　このように、雷であれ何であれ、一つの情報だけを提示するのではなく、音と光、光と形、音と動きなど、その現象が持っている"複数の情報"を組み合わせて観客に提示することにより、実在感（リアリティ）をぐっと高めることができるのです。この"複数の情報の組み合わせ"というのが、実在感を高めるための重要なヒントとなります。

　ところで、ここで例にした雷の実在感を出そうとする行為は、遠山博士の四つの作用でいうと「写実」にあたり、それはすなわち、舞台上の"環境"にリアリティを持たせようとする手法だということは先ほど説明しました（P.96 参照）。その写実作用によって提示しようとしている舞台上の"環境"、その本質はいったい何であるかを考えてみると、それは舞台上に実際に起きている現実ではなく、観客が想起する"心的イメージ"であることに気づきます。効果と

して発せられる光や音自体は舞台上に実在する「明確な事実」です。しかしそこで表現しようとしているのは、舞台上には実在しない「雷」という事象であり、それは光や音といった現実の刺激を受け取った観客の心の中に「雷のイメージ」が想起されることによって初めて成立します。その心的イメージは、舞台から受け取った情報を元に、観客が自ら心の中に作り出したものです。ですからそれは観客にとって"リアル"に実在感を持って感じられているはずです。

　前節で、"本物のように見せる"という意味では、写実という手法は舞台においては初めから無効だということを説明しました。つまり、どれほど現実に似せた光や音を舞台上に作っても、それらの効果自体は決して"本物には見えない"のです。なぜならそれらが客席と同じ空間にある以上、本物であるはずがないからです。ですから、舞台上で「写実」を効果的に作るには、舞台上に現実そっくりの事実をそのまま作ろうとするのではなく、観客の心の中にその"心的イメージ"を想起させる方法を考えるほうが、より有効であるということが言えます。

8-8　写実を超える実在感

　雷のような具体的なイメージを伝えるために、「光と音」といった複数の要素を同時に提示するのが有効だという説明をしたわけですが、雷のような具体的な現実のモデルが特に無くても、光と音のような複数の要素を同時に同期させて提示すると「何らかの実在感」が生まれてしまうということが言えます。

　たとえば、隣の部屋から床を伝って「ドンドン」という継続する振動を感じているとします。それだけでは隣の部屋で何が起きているのかわかりません。しかし、それと同時に軽快なダンスミュージックの音が聞こえていて、そのリズムと床の振動が同期しているとしたらどうでしょう。その場合、"隣で人が踊っている"とか"エアロビクスのような運動をしている"ということを想像すると思います。振動だけでは、機械の動作なのか動物が暴れているのか、いったい"何の振動だろう"と疑問に感じるだけの情報ですが、そこにダンスミュージックの音楽が組み合わさることで、ダンス（または運動）をしている人がいる、という実在感を伴うイメージが生じるわけです。

　では、同じ床の振動を感じている状況で、聞こえてくる音がダンスミュージックではなく、「ピコピコ」というような電子的な音だったらどうでしょう。電子的な音と同期して、床から振動が伝わってくる、それはどんな状況なのか、よくわかりません。わからないので、具体的な様子をイメージすることはできませんが、しかし、隣で人が"何かしている"という実在感だけは感じると思います。振動だけでは何の振動かわからない、また、音だけでは何の音かわからない、しかし、その振動と同期した音が同時に与えられると、"誰かが何かをしている"という実在感が生じます。複数の同期する情報が与えられた時、私たちの感覚はその複数の情報を結びつけ、「一つの出来事」として受け止めようとするからです。実際には振動と電子音は何の関係も無いかも知れません。それらが同期しているのも単なる偶然かも知れません。しかし私たち人間は、複数の同期した情報を得た時に、たとえそれが何かわからなくても、その

複数の情報を結び付け、「一つの出来事」として捉えようとし、そこに何らかの存在を感じ取ろうとするという性質を持っています。

　コンサートの照明演出で、音楽のリズムやアクセントと同期して照明を明滅させたり、ビームを動かしたりという手法がよく行われます。この手法も、音と光を同期させることにより、ある種の「実在感」を想起させようとしていると捉えることができます。音と光が同期している時、実際には音はミュージシャンと音響スタッフが、光は照明スタッフが作り出しているのですが、観客はそのように分けては捉えません。観客は音と光が同期した全体を「一つの出来事」として受け取ります。そのことにより、音楽や光がそのコンサート会場の空間全体によって生み出されているようなイメージが観客の中に想起されます。さらに、その音や光に観客自身の身体も同期させることにより、自分を含むその会場空間全体が「一つの出来事」として感じられ、そこに、巨大な一つのエネルギーの実在感を感じる、そのような効果を生み出すのがコンサートの照明だと思います。

8-9　生み出される実在感

　光が"音"と同期して提示されることにより実在感が生み出されるということを、「雷」や「コンサート照明」を例に説明しましたが、光は音以外の情報とも組み合わさり、実在感を生み出す力があります。たとえば俳優やダンサーの"動き"と照明が同期するというケースがあります。わかりやすい例として、たとえば演劇で、一人の俳優がフォロースポット（ピンスポット）の光によってフォローされている状況を考えてみてください。その時、俳優は俳優自身の意思によって動き、フォローしている光はフォロースポットのオペレーターの操作によって動いているわけです。しかし、その操作が極めて精緻に行われていれば、観客にとっては俳優と光とが統合された一つの意思によって動いているように感じられ、全体として「明るくて良く見える俳優」という一つの事象として受け取られます。その結果として、観客から見た俳優の実在感はフォロー無しの場合に比べて高められているということが言えます。

　フォローではなく固定した光であっても、出演者の動きや姿勢にうまく同期して明るさや色を変化させることにより、それ全体を「一つの出来事」であるかのように見せることが可能です。そのような同期に成功した時、"出演者と光"が合わさった、より大きなイメージが実在感を持って立ち上がり、出演者の等身大の身体だけでは生まれ得ないような表現が現出することもあります。

　また、変化する光ではなく固定的に点灯している光であっても、舞台セットや出演者の立ち位置と空間的に同期することにより、場の実在感がより高まって表現されるということがあります。たとえば、広い舞台空間の中で、ある区切られたエリアだけが照明で照らし出されているとして、出演者がそのエリアの中で、その広さにちょうど見合った演技をするならば、そのエリアの実在感が補強されます。あるいは、がらんとした舞台の中央に高いモニュメントのような舞台セットがあるとして、照明もそのモニュメントをひときわ明るく照らし出せば、その

モニュメントの存在によって作られる場の実在感が高まって見える効果を生むことができるでしょう。

　このように、光は、音や動き、あるいは形など、色々なものと同期し得ます。そうした同期を適切に行うことによって、"場面の実在感"が補強されます。さらにそうした実在感を持った場面が時間的に連続して、前後に関連しながら連なることで、"時間的流れ"や"因果関係"、"物語"といったものの実在感も生み出されます。

　光（照明）がそのように色々な要素と同期するとともに、光以外の要素、つまり音（音響）、動き（出演者）、形（舞台美術）などもそれぞれ互いに時間的・空間的に同期し関連しあいながら連続的につながり、大きな「一つの出来事」となることができれば、全体として非常に強い実在感のある物語を生み出すことができるということが言えるでしょう。

　そのようにして生み出される実在感のある物語こそが、小川昇の言う「丸い玉」（P.90 参照）に他ならないと思うのです。舞台上にある人や物の形、動き、そこで発生する光、音などの"複数の情報"が互いに同期して関連しあうことによって、全体として大きな「一つの出来事」が立ち上がって来るならば、その実在感は頑強で確かなものとなるでしょう。そのためには、出演者や各スタッフが、互いの働きを巧みに調整し、全体が一つの整った姿となることを目指すことが必要となります。つまり、演出家・出演者や美術・照明・音響などのスタッフが協力して作ろうとする「丸い玉」とは、舞台上の表現の実在感であり、そのようにして立ち上がって来る全体の実在感こそが、舞台作品そのものであると、私は考えています。

　ですから、P.96で舞台照明の目的として：

舞台照明の目的は、表現したいものの実在感を高めることである

　ということを述べましたが、実はこの「表現したいものの実在感を高める」というのは、照明に限らず、舞台作品を作るために集まるすべての出演者とスタッフに共通する目的だと考えられるのです。

第9章

照明家

　前章では、舞台における照明の位置づけや目的、作り出せる効果などについて論じました。しかし、ここで私がいくら詳しく照明の目的や効果について論じても、それは私個人が考える一つの「仮説」に過ぎません。仮にそれが筋が通っているとしても、実際に作品を作る人たちによって共有されなければ、ここまでの議論は全くの空論となります。

　照明家は演出家の奴隷ではありません。また、誰かにデザインのやり方を指図されるいわれもありません。照明家には照明家の意志があり、欲求があります。いくら作品にとって良いと思う照明を演出家が求めても、それを照明家が望まない限り、決して実現はしません。なぜなら、照明機材を操って実際に光を作り出すのは照明家であり、舞台の光は、物理的には完全に照明家の意志の支配下にあるからです。これは照明に限らず、複数の領域の専門家どうしが協力して作品を作る時に避けて通れない問題です。

　だとすれば、舞台作品を作ろうとする際には、自分自身や他のメンバーがそれぞれ個別には何を求めているのか、その個人的な欲求がどんなものであるのかといったことについても、ある程度はお互いに認識しておく必要があると言えるでしょう。

　そこで本章では、私自身の心の中を振り返り、私という照明家が、いったい何を求めてこれまで照明をやってきたのか、これから何を求めて照明をやろうとしているのかについて述べてみたいと思います。

9-1　照明家の欲求

　自分はなぜ照明をやりたいと思うのだろう、あるいは、自分は照明のどんなところに「やりがい」を感じているのだろう、と自問してみた時に、自分の中にあるいくつかの"欲求"が元になっていることに気づきます。あくまで感情に支配されている部分なので、それを完全に言葉で明確に表すことは難しく、とても曖昧な、ぼんやりとした表現にならざるを得ないのですが、自問自答を繰り返しながら思考を深めていくうちに、その欲求が、どうやら四つの領域にわたっているようだと考えるようになりました。ただそれらは、全く固定的なものではありません。自分自身を振り返る中でも、時期によって照明をやる理由や根拠はさまざまに変化しているという自覚があります。ですから四つの領域にわたる欲求と言っても、全部が常に存在しているわけではなく、その中の一部が、入れ替わり立ち替わり、現れたり消え去ったりしてい

ます。

　下記にあげた四つの領域の欲求は、私自身がこれまで過去に自覚したことのある感覚を、で
きるだけ全部列挙したものです。とは言っても、やはり私一人だけが自問したものですので、
あくまでサンプルの範囲を超えるものではありません。しかし、私が照明を始めた時期から現
在に至るまでの長い期間を振り返って、少しでも思い当たったものをすべてあげているので、
一般的な照明家の欲求として考えても、ある程度はカバーされていると自分では思っています。
　照明家が照明を行う動機の元となっているのは、以下の四つの欲求だと私は考えています。

① 承認欲求：「有意義だと感じてもらえる」

　人は、自分の働きの価値を他者が認めてくれることの中に生きる意味を感じるものです。照
明家においても当然このことは言えます。職業として照明を選んだ人であれば、最初の内は自
分の働きが先輩や上司に評価されるということを仕事の拠り所にすることでしょう。また、照
明デザイナーとして独立して活動している人も、自分が作り上げた照明に対し、その価値を他
者から高く評価してもらえたら大きな喜びを感じますし、それは照明に携わる大きな動機とな
ります。舞台照明によって作られる、ダイナミックで壮大な、あるいはデリケートで繊細な効
果を、見る人が気づいてくれて、それを高く評価してくれたら本当に嬉しいものです。これら
はいずれも「承認欲求」に基づくものだと考えられます。

　ただ、P.88でも触れたように、一般論として照明は「目立つべきではない」と言われていま
す。ですからその意味では、舞台を見た人から照明を評価されることを期待するべきではない、
という考え方もあり得ます。「良くできた舞台照明は見ている人に気づかれない」とか、「演技
とよく調和して照明の存在など観客には全く気にならないのが良い舞台照明だ」といったこと
を、私も先輩から言われたことがあります。

　その意味では、見た人から照明を評価されるのはあまり喜ばしいことではないということに
なります。しかし、実際には、舞台を見た人から照明を褒められた時に、「照明が目立ってし
まった」とガッカリしてネガティブな気持ちになる照明デザイナーは、あまりいないと思いま
す。褒められれば、やはり嬉しいと感じる人がほとんどでしょう。ですから、承認欲求という
ものが照明を行う動機の一つとして存在していることは間違いないと思います。

② 支配欲求：「空間が意のままになる」

　劇場という場所は大抵、舞台と客席を含む劇場空間すべての照明コントロールを一カ所（調
光室＝照明操作室）に集中させた作りになっています。調光室の照明家は、客席や舞台に与え
られるすべての光を自分の支配下に置いています。舞台上に鋭い光を突き刺したり、客席向き
のライトをつけて観客の目をくらませたり、あるいはすべてを真っ暗にして何も見えなくした
りといったことが、自由自在にできるのです。これを実際に体験してみると、まるで自分が何
か、強い存在になったような満足感を感じます。私自身も、学生の時分に初めて調光卓に触れ、
指一本で会場全体を真っ暗にする体験をした際に、強い全能感を感じたのをよく覚えています。

そういった感覚は、その場を掌握したいという「支配欲求」が満たされることによるものだと言って良いと思います。

　このように、その場を（光という部分だけですが）自分の支配下に置きたいという支配欲求が、照明を行う動機の一つとして存在していると思います。

③ 秩序欲求：「こうすれば解決する」

　たとえば壁に掛かった額縁が傾いていたらつい直したくなるとか、あるいは服に小さなホコリが付いていたらつい払いたくなるといったことがよくあります。このように、ちょっと手を加えればたやすく秩序が回復できる時にそうしたくなる欲求、これは「秩序欲求」の現れだと考えられます。照明家が照明を行う動機の中に、この秩序欲求が含まれていると考えられます。

　たとえばある劇場で、舞台上で何かの演技が行われている時に、舞台も客席も“作業灯”の状態だとしたら、それを見た照明家は、なんとなくアンバランスに感じると思います。照明をちょっと使えば、そのアンバランスな見た目を簡単に改善できるということを、経験値の高い照明家であれば見た瞬間に理解します。たとえば、「ちょっと前からの光を加えれば顔の表情が良く見えるのに」とか「客席を暗くすればもっと舞台に集中できるのに」といった具合です。照明家は、舞台上で何かの演技が行われている時、それが適切な光で照らされて最低限の「見えるレベル」が確保されていないと、アンバランスに感じ、それを解消したいという欲求を感じます。これは照明家自身の心の内に生じる秩序欲求によるものだと考えられます。

　作品の照明を作る際も、照明家は明かり作りの段階で、各シーンの照明をつけた時に「あの部分の明るさが足りない」、「その部分の色合いが目立ち過ぎている」など、全体を見た時のアンバランスな状況を修正するという作業を数多く行っています。それらも秩序欲求に基づくものだと考えられます。

　このような秩序欲求は、舞台全体の照明的な秩序をたやすく回復できるという、そもそもの確信があるからこそ生じます。逆に、照明のアンバランスな部分を、自分の知る方法によって修復することができるという確信が無ければ、そのような欲求は生じ得ません。ですから、この欲求を持ち得るのは、ある程度照明の技術や知識がある人ということになります。照明家でない人や、照明家であってもまだ十分な技術を身に着けていない人にとっては、やや実感を持ちにくいかも知れません。いずれにしても、ここで述べたような秩序欲求が、照明をやるための動機の一つとして存在していることは間違いないと思います。

④ 審美欲求：「こうすれば美しい」

　人の心の中には、美しいものを見たいという欲求があり、それは「審美欲求」あるいは「ロマンス欲求」と言われます。

　もしも自分の手によって美しい光景を目の前に作ることが可能だと思えるなら、それをしたいと思うでしょう。照明家には、照明を使って目の前に美しい光景を作り出すことが可能だと思える時があります。舞台上に、自分が今考えている照明を実現させたら、それはきっと美し

いに違いないという確信と、実際にそれを実現して、自分の眼で見てみたいと思う気持ち、これは照明をする上での大きな動機になり得ます。たとえば稽古場のリハーサルで何かの演技を照明家が見た時に、頭の中でその演技に対する美しい照明を思い描くことができたなら、それをぜひ実現したいと考えると思います。そのような欲求を実現させることに喜びを感じながら照明を作るというケースが、私自身の場合もしばしばあります。

　この場合、美しいものが見たいという欲求とともに、照明で美しい光景を作ることが可能だという予見がなければ、照明を作る動機としては成立しません。つまり、少なくとも照明によって作られた美しいシーンを過去に見たことがあり、それを実現させる方法もある程度イメージをできるくらいの知識と技術があることが前提になります。そのレベルの照明家にとっては、審美欲求が照明を作る動機の一つとして存在していると考えられます。

⑤ ビジネス

　照明家が照明を行う動機となる欲求は以上の四つだと私は考えていますが、もう一つ、職業照明家であれば、照明を行う理由として、自身の欲求とは無関係に「対価を得るため」ということもあります。つまり商品としての照明業務です。商品として対価を得るということは、少なくともその売買契約の範囲内ではクライアント（多くは演出家）の意志をそのまま受け入れるということになります。それは、乱暴に言い換えるなら、自分の欲求とは関係なく相手の意志に従うということです。その時には照明家自身の欲求よりも照明の商品価値を高めることのほうが優先され、自身の欲求はむしろ抑え込むことすら必要になることもあります。

　しかし、本章の主題は、あくまで自らの意志で舞台作品づくりに参加する照明家が、どのような動機を持っているのかを考察することですので、商品としての照明業務はここでは考察の対象外です。そうは言っても、それが現実の経済活動の中に照明を行う理由として存在していることも事実ですので、本章での考察の対象とはしないことをしっかり明示するという意味も含め、ここに提示だけしておきます。

9-2　欲求の集合体としての舞台作品

　以上、照明家が照明を行う動機として、四つの欲求（と一つの理由＝ビジネス）をあげました。四つの欲求の内、承認欲求と支配欲求の二つは、照明家でない人にも比較的容易に想像できるものだと思います。人から承認されたいという承認欲求、あるいは、場を支配したいという支配欲求は、照明と関係なく、多かれ少なかれすべての人が何らかの形で持っている欲求だと考えられるからです。

　一方、秩序欲求と審美欲求については、少しわかりにくいかも知れません。先ほどの説明の中でも述べたように、これらの二つについてはいずれも、照明の知識や技術がある程度ある人でないと、それがどういう欲求なのか、実感として理解しにくいだろうと思われるからです。

　しかし、欲求が満たされた時の喜びや達成感・満足感を他者と共有できるのは、実はこちら

の二つ、秩序欲求と審美欲求のほうだと思います。先にあげた承認欲求や支配欲求は、言うなれば純粋にパーソナルな欲求、つまり本人の心の中が満たされるかどうかだけの問題であり、他者がそれを覗き見ることはできません。一方、秩序欲求と審美欲求が満たされた状態について考えてみると、秩序が整った状態や美しいものが実現した状態は、自分以外の他者が見て共有することができます。つまりこれらは「ソーシャルな欲求」だと言うことができます。

　前にも述べたように、演出家がいくら作品にとって良いと思う照明を考えたとしても、照明家がそれを望まない限り、実現されることはありません。求める照明を照明家に実現してもらうためには、照明家に作品の表現を理解してもらい、どのような照明が求められるかを共有してもらうしかないのです。そのことについて考える際に、この秩序欲求と審美欲求という、二つのソーシャルな欲求がヒントになってくると思います。

　照明家の側も、作品の照明について考える時、自分の中に生じる承認欲求や支配欲求は他者とは基本的に共有できないということをしっかりと自覚して考えを進める必要があるでしょう。そして、自分の中に生じてくる秩序欲求や審美欲求を大切にし、そこから生み出される照明の美しさを他者にも共有してもらうように努めることが、作品の照明を成功に導くポイントだと思います。

　舞台作品は「総合芸術」だということが言われますが、それは言い方を変えれば、多くの人の自由意志が集まって作られているということでもあります。全体として「一つの作品」を作り上げるという目標は全員に共有されているはずですが、それを細かく分解すれば、その中には、集まった人たち一人一人のバラバラな欲望や欲求がうごめいているのだということも受け入れなければなりません。

　それらバラバラな欲望や欲求を持った人どうしが集まって、一つの作品を完成に導くには、参加している一人一人が、自分自身の中にある欲望や欲求をまず自覚することが大切だと思います。そしてそれらの欲望や欲求の中から、満たすべきものと捨てるべきものとを見極め、作品の中での自分の役割と位置づけを理解し、納得することが求められます。その上で、自分の役割や位置づけを巧みに変形させて、全体が一つの「丸い玉」(P.90)となるよう、他の人の働きに自分の働きを結合させなければなりません。

　読者の中には、照明家が舞台作品に参加する際には、自分自身の欲求とは関係なく演出家の意志に全面的に従うべきだと考える人もいるかも知れません。それは、必ずしも間違っているとは言い切れませんが、照明家が自分の欲求を完全に心の中にしまい込んで、全面的に演出家の意図と指示だけで舞台作品を作ろうとするのは、必ずしも良い作品を生む結果にはならないと私は思います。なぜなら、秩序欲求や審美欲求についての考察でわかるように、ある程度の専門的な技術や知識を備えた人だけが持ち得る欲求というものがあるからです。そのような"専門的な欲求"は、専門外の人にとってはその存在すら予見できないものです。それらは、本人から表明されない限り、決して他者に伝わることはありません。

　舞台作品は、ひとりでに生まれるものではなく、人の意志によって作られるものです。その材料となるのは、集まった個人個人がそれぞれの心の中に持っている"欲求"に他なりません。

作りたいという意志＝欲求が集まるからこそ、作品は作られるのだと思います。その時に持ち寄られる欲求は、それぞれの個人が持つ専門的な技術や知識に基づいたものです。それらは、各種の専門的な技術・知識に基づいているわけですから、そこに持ち寄られたすべての欲求を、一人の人間が完全に理解することは、まず無理です。だからこそ逆に、舞台作品は一人の人間だけでは決して作ることのできない、大きなものとなり得るのです。演出家から言われた通りにしようとするあまり、自分の欲求を心の中にしまい込んでしまっては、意志を持って作品に参加しているとは言えませんし、作られる作品のほうも、演出家だけの発想に閉じ込められた小さなものとなってしまいます。良い舞台作品を作ろうとするのであれば、作品づくりに参加している人たち皆が互いに心を開いて、それぞれの心の中にある欲求を提示し、想像し、許容し、共有しながら、協力して「丸い玉」を作り上げていこうとする態度を持つことが大切だと思います。

9-3　誰がそれを決めるのか

　舞台作品はそのように、さまざまな専門的技術や知識を持った個人の意志が集まって作られるものです。しかし、それぞれが自分勝手にバラバラの意志でやっていたのでは、一つの作品としてまとめるのがどうしても難しくなりますので、大抵は、誰か一人の意志に統一する必要が生じます。その統一する役割の代表的なものが"演出家"です。

　演出家は大きな権限を与えられているので、舞台上のすべての事柄を決めるという役割を大抵は担っています。しかし、前節でも述べたように、演出家も一人の人間に過ぎませんから、専門的なこと、たとえば照明に関することを、完全に理解しているとは限りません。そう考えると、演出家の判断が必ずしもすべて正しいとは言い切れないということになります。

　ですが、もしそうだとすると、照明家はいったい何をよりどころに照明を考えれば良いのでしょうか。舞台照明の目的は、「作品で表現したいもの」を理解し、その実在感を高めることでした（P.96）。ではその「作品で表現したいもの」は、どうすれば正しく知ることができるのでしょうか。それを演出家に尋ねたとしても、演出家は照明の知識や技術までは持っていないので、照明に関しては不完全な答えしか期待できません。だとすると、照明家が自分の知識や技術を生かして、作品に本当の意味で参加するためには、いったいどういう考え方に基づいて、何を行えば良いのでしょうか。

舞台照明は、いったい何をすれば良いのか

　これが、本書で扱う最後の考察です。
　この疑問に対しては、これまでも多くの照明家がその答えを記述しようと試みて来たように見受けるのですが、なかなかズバリと言い当てた答えが見つかりません。照明家として活躍する人たちは、実際の作品で舞台照明を具体的に生み出すことはするのですが（それが仕事です

から）、自分がそもそも作品において"何をしているのか"を、他者に伝わるように適切に言語化して記述しようとする人は、ほとんどいません。先人の照明家たちが書き残した色々な書籍や記事を読んでみても、なかなかズバリと書かれた答えは見つからず、たとえば、

- 良くできた照明は観客からあまり気づかれない
- 照明は演出の意図に沿っているかが重要である

といったような、いわば"外的な条件"を断片的に記述したものが散見されるばかりで、「何をしているのか」あるいは「何をすべきか」についてピタリと答えたものはほとんど見つけられません。ほぼ唯一の例外が、本書で何度も引用している遠山博士の「四つの作用」、

1）視覚　2）写実　3）審美　4）表現

だと言えますが、これも、原文のニュアンスを読むと「照明にはこの四つの働きがあると考えられる」と言っているに過ぎず、これら四つの作用の内のどれが必要か、あるいは重要か、といったことは、その作品の演出意図による（『舞台照明学』上巻 P.281～286）、というのですから、やはり、ここで求めている答えとは少し違うと思います。

　この疑問に対しては、私自身も、長い期間、深い考察を続けてきました。そして現在は、私なりの結論に至ることができたと考えています。それは下記の通りです。

　問：照明家は何をすれば良いか
　答：照明家自身がやりたいことをやるしかない

　やりたいことをやる<u>しかない</u>、というところがポイントです。「照明で何をすれば良いか」という問いに対しては、実は選択の余地は無く、照明家自身がやりたい照明をやる以外にないというのが私なりの結論です。私に言わせれば、この答えは私の主張ですらなく、端的に事実を言っているだけです。すなわち、すべての舞台照明は、照明家自身がやりたいものにしかならないのです。なぜなら、前に述べたように、照明の機材や設備は、すべて照明家のコントロール下にあるため、結局、すべての照明は照明家が望む形にしかなり得ないからです。

　演出家から「○○な感じの照明にしてください」というオーダーが照明家に出されたとして、照明家としては演出家から言われた通りに「○○な感じの照明」を作ったとします。しかしその照明が作られた時点では、そこにすでに照明家の解釈が入り込んでいます。つまりそれはあくまで「照明家が考える○○な感じの照明」なのであり、もし「○○な感じの照明」という説明を照明家が"解釈"する際に何らかの誤解があったとしたら、結果として演出家の望む照明とは異なったものになってしまっています。そうなってしまった時、演出家が望む照明への修正がなされるためには、「○○な感じの照明」という言い方では誤解が生じたわけですから、演出家は何か他の言い方を探すなどして、照明家に意図を伝え直す必要があります。

また仮に、ある照明シーンに対して、照明家が「本当はつくりたいのはこんな明かりじゃなくて、もっと△△な感じにしたかった」などと言い訳していたとしても、その照明が現実に点いている以上、「こんな明かり」にするという選択を照明家が（苦渋があったにしろ）したことは間違いありません。心情的には「こんな明かり」は気に入らないのかも知れないし、もっと技術力があればより良い明かりが作れるのかも知れませんが、その明かりをその条件下で選択したのは、その照明家以外の誰でもありません。照明家がその選択したからこそ、その明かりになっているのです。照明家が本当に「作りたいのはこんな明かりじゃない」と思っているのであれば、別の明かりにすれば良いのです。あるいは、その明かりしかできないのであれば、それが自分の選んだ明かりだと認めるしかありません。どちらにしろ、演出家をはじめとする周囲の人は、照明家が決定した明かりを受け入れる以外に選択肢はありません。また、その場の照明は、照明家が選択したもの以外には、絶対になり得ません。

　このことを照明家の視点で言うなら、「照明で何をすれば良いか」は、周囲の人の意見も考慮した上で、照明家が自分で決めるしかない、ということになります。同じことを演出家の視点で言うと、「照明で何をすれば良いか」を、照明家に言葉で完全に伝えることは（自分には照明の技術や知識が無く）できないので、その答えは照明家自身に見つけてもらうしかない、ということになります。これは、考えてみればあたりまえなのですが、実際の現場では自覚されていないことも多いように思います。

9-4　答えはどこに

　舞台や照明に限った話ではありませんが、人は、何か選択を迫られた時、「"正しい答え"は何だろう／どこにあるのだろう／誰が知っているのだろう」と、自分の外に正解を求めてしまいがちです。もちろん問題の種類によっては、正しい答えを自分以外の誰かが知っていて、あるいはどこかの場所にあって、それを見つけ出せば良いという類の問いもあるでしょう。しかし、舞台作品の一部を成すための「舞台照明」を作っているのであれば、正しい答えは自分（照明家）以外の誰も知らず、どこにも無いと考えるべきです。

答えは自分の中にしか無い

　自分（照明家）が選択できる中での最良の答え、それがその時における「最適解」であり、それより良い答えはその瞬間には存在しません。あとになって、より良い答えが見つかることはあります。そして「あの時これに気づいていれば」と悔やむこともあります。しかしそれは、あとになった時の自分だから気づけたのであって、その選択をした時点の自分には絶対に見つけられない、つまりその時点の自分にとっては存在しない答えだったのです。

　ですから、照明が上手になる（色々な局面に応じて求められるような照明が実現できる）ためには、自分の中に持つ選択肢を増やすしかありません。すべての照明は照明家の選択によっ

て決定されるのですから、色々な照明を実現できるようになるためには、照明家が色々な"選択肢を身につける"しかないのです。そのためには、数多くの照明を見たり、自分で試みたりということを地道に重ねる以外に方法は無いと思います。

　その際、誰か上手な人（先生や先輩）が過去に行った手法を真似る（まね）という方法は大変有効です。そもそも誰でも最初はそれしか選択肢がありません。しかし、他人の手法を真似る場合も、その手法を選び取るのは自分自身なのですから、それが他者の手法であっても、それはやはりその時の自分が選んだものなのです。たとえそれが、定番の使い古された照明手法であっても、自分がそれを選んだ瞬間に、それが「今の自分の選択」となることを自覚していなければなりません。

　では最後に、「照明家」のあり方について考えてみたいと思います。

　本書の冒頭にも書いたように、「舞台照明」とは、かつては"職種"の一つでした。しかし現在の舞台照明は、それを職業とする専門家だけのものではなく、一般の人に広く開かれた文化的な活動というべきものに発展しています。

　そんな状況となった今、「照明家」とはどのように定義されるでしょうか。どういう基準に当てはまる人が「照明家」に分類されるのでしょうか。

　これについてはいろいろな意見があり得ると思いますが、私は、さほど難しくない問題だと思っています。たとえば「ダンサー」とか、「ミュージシャン」がどのように定義されるかを考えてみてください。それらもかつては、職種の名前であったかも知れません。しかし現在は違います。ダンスも音楽活動も、専門家だけのものではなく、一般の人に広く開かれた文化的な活動です。ですから会社員のダンサーもいれば、学生のミュージシャンもいます。それらが事実上どう定義されているかと言えば、突き詰めれば、自分自身がそう思うということだけだと思います。自分はダンサーである、あるいは自分はミュージシャンであるという"あり方"を選択し、そうありたいと思うのなら、それだけでそうであると言えるし、それ以外の定義は無いと思うのです。

　舞台照明も、それが専門家だけのものではなくなったわけですから、やはり同じ考え方になると思います。つまり、自分が照明家であることを選択し、照明家でありたいと思うのであれば、それはつまり照明家であるということを意味するのだと思います。なぜなら、それ以外に定義の方法が無いからです。照明を職業としているかどうか、照明で食い扶持を得ているかどうかは、照明家であるかどうかとは今や関係ありません。これは私の主張ではなく、事実として、照明を職業としてない"照明家"、あるいは照明で食い扶持を得ていない"照明家"が、現実に存在しているからです。ですからこれは、否定のしようがないのです。

　だとしてもそれは最近のことであって、かつては「正しい照明」や「正しい照明家」が専門家の中では定まっていたのであって、それが現在は時代とともに多様化したに過ぎないのだ、と考える人がいるかも知れません。それはある意味では正しいですが、本質的には違うと、私は思います。というのは、電気による舞台照明が生まれてすぐの頃の先人たちが残した記述を見ると、「正しい照明」あるいは「正しい照明家」ということについての合意は、やはり無か

ったと考えられるからです。

　考えてみればこれは当然で、初めて電気照明が生まれた段階では、先輩や先生はまだどこにもいませんから、全員が手探りで進むしかありませんでした。その時点ではまだ、照明に正しいも正しくないもありません。しかし、20世紀の終わり頃までにコンベンショナルライトによる照明の方法論が一旦だいたい確立したため、その頃はある種の「正しい照明」の概念が存在していた時期が、たしかにあったかも知れません。しかし、それも（第7章で説明したように）すぐに新しい機材の登場とともに相対化されたと考えられます。ですから、かつて「正しい照明」が存在していたというのは、事実としては正しいのかも知れませんが、だとしても、それは一時的な現象に過ぎなかったのだと、私は捉えています。

　しかし、「正しい照明は無い」と言われても、すぐには納得できない読者も多いと思います。私自身も、「正しい照明とは何か」とか、「照明家とはどう定義されるのか」といった疑問を長い間追い続け、答えを探し続けました。しかし、探し続けた果てに、「答えは自分の中にしか無い」ということを、今はこうして確信しています。しかし、探し続けたその過程が無駄だったとは決して思っていません。なぜなら、もしその過程が無かったとしたら、今の確信もおそらく無いだろうと思うからです。

　読者の中には、私がここで出した「答えは自分の中にしか無い」という結論に対して、何か釈然としない、納得できない感覚を持っている人もいると思います。それで良いのです。なぜなら、私の結論は私自身にとっては長い考察の過程の末に得られたものですが、読者から見れば、「私」という他者が言っている単なる"仮説"に過ぎないからです。それを、読者がただそのまま"正解"だと鵜呑みにして、そこで考えを止めてしまうのは、全く私の本意ではありません。

　正しい答えを探し続けること、それを追い求めること、そのこと自体が、とても大切なことだと思うのです。自分自身が心から納得できるような答えを得るには、結局、自分で探し、考え続け、自ら結論に至るしかないのだと思います。

　答えを自分の外に求めるのではなく、自分の意志で常に探し続けること、これこそが、舞台照明において最も大切なことだと、今の私は、考えています。

あとがき

『新・舞台照明講座』をお手にとってくださり、ありがとうございます。

本書の執筆を本格的に開始したのは2021年の夏ごろですが、その前年の2020年、「新型コロナウイルス感染症（COVID-19）」が全世界規模で広がりました。日本ではその年の2月頃から感染が拡大し、春から夏にかけては、ほとんどすべての舞台公演が中止または延期となりました。照明家や舞台スタッフの多くは仕事が次々とキャンセルになり、多数の照明会社やフリーランス照明家が経済的に困窮する事態となりました。これを書いている2022年初頭の時点でも、状況は回復というには程遠く、今もなお、舞台公演の急な中止や延期といった情報を数多く耳にしています。

感染の拡大が始まった2020年から、舞台業界で一つの新しい試みが始まりました。劇場の観客席で舞台を観てもらう代わりに、舞台をカメラで撮って映像化し、そのライブ映像ないし録画映像をインターネット等で視聴してもらう、「配信公演」という方法です。この配信という方法を使えば、観客は自宅に居たまま画面を通じて舞台公演を鑑賞することができます。また、作品を作るプロダクションの側も、通常とは全く異なる形態ではあるものの、公演会場での感染拡大というリスクを避けながら公演を実施することができます。

ただしスタッフ、特に照明の観点から言うと、配信公演は通常の公演とは大きく条件が異なります。私自身もいくつかの配信公演の照明に携わりましたが、舞台照明としての仕上がりの状態をそのままカメラで撮ると、明るいところは明る過ぎ、暗いところは暗過ぎる状態になってしまいます。また、色の見え方も肉眼とカメラでは全く異なり、淡い色が濃い色に映ってしまったり、逆に微妙な色の差が消えてしまったりと、光による細やかな表現が、カメラではうまく撮れません。カメラ向けの照明を作るには、舞台照明には全く無い別の知見が必要になるということを、この時は身をもって思い知らされました。

しかし、そのような困難がある中、舞台に関わる多くのパフォーマーやスタッフがこの配信という新しい方法に挑戦をし、数多くの実績をあげました。一方で、感染症拡大によって仕事が激減したこの時期を機に、舞台関係の活動を停止し、舞台から去る道を選んだ人たちも、それなりの数がいたと考えられます（そのような人たちを追跡するのはとても難しく、実際にどれぐらいの数の人が舞台業界

を去ったのかは正確にはわかりません）。

　多くの舞台照明家は、「これからは配信公演にも対応できなければ生き残れない」と感じたと思います。感染症による公演減少のために経済的に窮することとなった舞台照明家が、映像照明を兼業する、あるいはまったく別な仕事を得て生き延びようとするのは至極当然のことです。

　しかし、“舞台照明という文化”について考えてみると、そこには大きな不安が残ります。一人の舞台照明家が廃業または転業して生き延びれば、その人は無事に生き続けられますが、その結果“舞台照明家”は一人減ることになります。そのようにして、舞台照明に携わる人が次々と減り続ければ、舞台照明という文化そのものが、いずれは消滅してしまうことになります。社会情勢の変化によって一つの職業が無くなってしまうことは、これまでの歴史上もありましたし、それはある程度やむを得ないことかも知れません。しかし、私が愛し続けてきた舞台照明と言う文化そのものが、まるで存在しなかったかのように忘れ去られるのは、あまりにも耐え難いと思いました。消滅してしまうことが仮に避けられないのだとしても、それが、今ここに「存在したという証拠」を、どうにかして書き残したい。それが、本書を書こうと思った直接の動機です。

　20世紀後半から21世紀にかけての技術の進歩は、人々の行動や考え方を大きく変えました。舞台照明の世界でもそれは例外ではなかったと思います。その変化に置いて行かれまいと、最新の情報を追う人たちは数多くいます。しかし、そんな中で私が個人的に惹かれるのは、ずっと変わらないものは何か、ということです。舞台照明にずっと通底している、照明家が悩み続け、追い続けている根本の哲学とは何か。それこそが、今失われようとしているものであり、今書き残すべきものだと思いました。本書の中で、昔に記された照明家の言葉が多く引かれているのは、そのような私の想いもあってのことです。

　書き残すべきことを、本書ですべて書き切ることができたとは思っていません。まだまだ、書き記していかなければならないことが、山ほど残っていると思います。今に生きる私たちは、未来の照明家たちに何を書き残せるのか。それを一緒に考える仲間が、今後、もし増えてくれるならば、とても嬉しく思います。

　レクラム社の有江社長から「本を作ってみませんか」というお声がけを3年前にいただいてなければ本書は完成していなかったと思います。また、照明についての考察をずっと続けて来ることができたのは、これまで関わって下さったたくさんの演出家、俳優、振付家、ダンサー、音楽家、アーティストの皆さん、そして訪れた世界中の劇場スタッフの皆さんからいただいた数多くの刺激のおかげです。ありがとうございました。

2022年2月

岩城 保

索 引

参考文献

『舞台照明学』上巻・下巻　遠山静雄／リブロポート／ 1988

電気学会雑誌54巻546号『舞臺照明』遠山静雄／一般社団法人電気学会／ 1934

『舞臺照明の仕事』穴澤喜美男／未来社／ 1953

『生涯現役 舞台照明家の一世紀』小川昇（編：赤坂治績）／小川舞台照明研究所／ 1997

『舞台照明』大庭三郎／オーム社／ 1976

『ロミオとジュリエット』シェイクスピア（訳：中野好夫）／新潮社（新潮文庫）／ 1951

『Chambers's Encyclopaedia』多数／ J. B. Lippincott & Company, W. & R. Chambers ／ 1872

『色の百科事典』日本色彩研究所／丸善／ 2005

『The Empty Space』Kindle版／ Peter Brook ／ Nick Hern Books ／ 2019

『アフォーダンス　新しい認知の理論』佐々木正人／岩波書店／ 1994

『舞台照明五十年』遠山静雄／相模書房／ 1966

『コンサートライティング入門』加藤憲治／レクラム社／ 2014

『舞台照明の基本　光のデッサンから舞台照明のつくり方まで』小川昇／レクラム社／ 1996

『照明家人生』吉井澄雄／早川書房／ 2018

『現代照明の足跡』日本照明家協会出版委員会／日本照明家協会／ 2016

日本照明家協会誌1978 〜 2010　日本照明家協会広報委員会／日本照明家協会

Silver Star Pluto 600 取扱説明書／ IDEコーポレーション有限会社（非出版物）

『広色域RGBレーザバックライト液晶ディスプレイ』
映像情報メディア学会誌70巻（2016）5号／新倉栄二／一般社団法人映像情報メディア学会　2016

『本の索引の作り方』藤田節子／地人書館／ 2019

岩城 保 いわき・たもつ

写真：阪上恭史

舞台照明家。1964年生まれ。大学生時代に舞台照明サークル（ICU照明委員会）に所属、1986年からプロ。1990〜2012年は劇団青年団（平田オリザ主宰）に専属照明家として所属。「静かな演劇」と評される舞台において「色も使わず変化もしない単に明るいだけの照明」の普遍的な形を追求した。2013年からはフリーランスとして、多岐にわたるジャンルの舞台照明デザイナー・オペレーターとして活動。多田淳之介の演出作品（東京デスロック、木ノ下歌舞伎）、関美能留の演出作品（三条会）、高山広の一人芝居（『おキモチ大図鑑』『劇励』）などに参加。また演劇以外の参加作品には『RE/PLAY Dance Edit』（ダンスドラマトゥルク：きたまり）、コンサート『地球のことづて』『あむ』（音楽監督：矢野誠）などがある。

照明家としての活動以外に、大学・高校の授業や市民向け講座などで舞台照明の講師も勤めている。

協力

木ノ下歌舞伎
富士見市民文化会館キラリ☆ふじみ
生活支援型文化施設コンカリーニョ
丸茂電機株式会社
岩城正夫
松田弘子

新・舞台照明講座
光についての理解と考察

著　者　　岩城　保

装　幀　　髙林　昭太

発行者　　有江　久吉

発行所　　株式会社レクラム社

　　　　〒176-0006　東京都練馬区栄町9-7グレイス江古田602

　　　　TEL/FAX　03-3948-0228

　　　　郵便振替　00130-0-27238

　　　　http://www.reclam.co.jp

2022年3月15日　　第1刷発行

印刷・製本　シナノ印刷株式会社

ISBN978-4-947575-35-7

舞台技術入門新シリーズ　5

コンサートライティング入門

加藤憲治 ❖ 著

コンサートライティングの基礎知識と実践的技法を紹介する舞台照明入門書。シミュレーションソフトによるフルカラーの画像を使用し、ライティングデザインの考え方と実際のつくり方を初心者にもわかりやすく丁寧に解説。ムービングライト、LED 光源の照明器具や映像機器など、これからの舞台照明スタッフには欠かせない最先端の技術情報を網羅し、劇場・ホール・会館での舞台照明設備の在り方や、施設の運営管理を考える上でも示唆に富んだ情報満載の最新刊。

◎ B5 判　232 ページ　フルカラー　◎定 価　本体 3,800 円（税別）

舞台技術入門新シリーズ　4

図解 舞台美術の基礎知識

滝 善光 ❖ 著

舞台美術に関わるさまざまな基礎知識やノウハウを、約 300 点のフルカラーの図版や写真を用いて、わかりやすく解説した画期的な舞台美術入門書。劇場・ホール・会館の舞台スタッフにとっては、必読ともいえる日本舞踊の定式舞台のつくり方や美術素材も掲載。舞台用語集も、美しいカラー図版付きの解説で、高校演劇・アマチュア演劇から、プロのスタッフまで、舞台づくりに欠かせない知識が詰まった舞台技術入門書。

◎ B5 判　200 ページ　フルカラー　◎定 価　本体 3,700 円（税別）

舞台技術入門新シリーズ　2

舞台づくりの基本から仕掛けのテクニックまで

舞台監督の仕事

加藤正信 ❖ 著

100 点以上のイラストや図版を盛り込み、舞台の基本と仕掛けの仕組みをわかりやすく解説した舞台技術入門新シリーズの第 2 弾。長年にわたる舞台監督の仕事を通して、豊富に蓄積された舞台づくりのノウハウとヒントを、さまざまな角度から紹介した画期的な舞台技術の入門書。高校演劇やアマチュア演劇から、プロのスタッフまで、幅広く実践的に役立つテクニックや知識を満載。

◎ B5 判　298 ページ　◎定 価　本体 3,500 円（税別）

社会
お仕事ずかんドリル

3年

このドリルを使って
いろいろなはたらく人
について学ぼう。

年 組

① 医師（内科医）

- 給料(年平均)：1428.9万円(2022年)
- 働く場所：病院や診療所など
- 就業者数：303,660人(2020年)

お仕事内容

　内科医は内臓や神経、血液など体の内側の病気をなおす医師です。

　はじめに医師のもとへやってきた患者の話を聞く問診、つぎに体をしらべる診察をします。わかったことをカルテに記録して、病気を診断し、どんな治療をするか考えます。また、ひつようなときは注射や検査をおこない、症状に合わせて薬を出し、ふだんの食事をかえるなどのアドバイスをします。そして、どんな病気なのか、なぜこの薬を使うのかなどを、患者やその家族にまちがいのないよう正確にていねいに説明します。このとき、患者の希望や気持ちによりそうことも、医師の大切なお仕事なのです。

医師になるためには？

大学医学部・医科大学

↓

医師国家試験

↓

医療機関で臨床研修

↓

医師（内科医など）

ワンステップ

　これまでにあなたがみてもらったことのある医師は、何科でしょうか。おうちにある診察券をみて、どんな科か、インターネットで調べてみましょう。

② 建築設計士
けんちくせっけいし

- **給料(年平均)：620.4万円**（2022年）
- **働 く 場 所：**建築士事務所や建設会社など
- **就 業 者 数：242,580人**（2020年）

お仕事内容

　建築設計士は、住宅や学校、ビル、工場などの建物をしらべたり、建てる計画をつくったりするお仕事です。

　お客さんの希望を聞き、建物が何に使われるのかや、大きさやデザイン、予算などを話し合います。そして法律をしらべ、どんな材料を使うかなどを決めて設計図をつくります。

　最近では、環境を守る建物づくりを考えたり、街づくりの計画に合わせて街を住みやすくしたりするお仕事も増えています。建物をつくることで、人が生活する空間をよりよくすることができるお仕事です。

建築設計士になるためには？

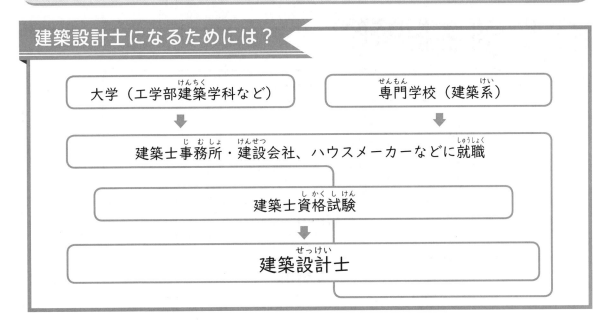

```
大学（工学部建築学科など）          専門学校（建築系）
          ↓                              ↓
   建築士事務所・建設会社、ハウスメーカーなどに就職
                    ↓
              建築士資格試験
                    ↓
              建築設計士
```

⏵ワンステップ⏵

　もしあなたが建築設計士になったら、どんな建物をつくってみたいですか。設計図をかき、材料をどのようにするかなど、計画を考えてみましょう。

③ 看護師

- 給料(年平均)：508.1万円（2022年）
- 働く場所：病院や診療所など
- 就業者数：1,385,950人（2020年）

お仕事内容

看護師は、医師が診断や治療をスムーズにすすめられるよう、たすけるお仕事です。患者の体温や呼吸、痛みのひどさ、意識があるかどうかなどをつねにみまもり、医師の判断をたすけます。また、医師にしたがい、採血や注射、点滴などをおこなうこともあります。ほかにも、けがの治療をしている人や介護施設の高齢者などの、リハビリや介護をたすけることもあります。

どんな病気の人であっても「食べる」「体をきれいにたもつ」「はいせつをおこなう」などのふだんのくらしを、その人らしさを大切にしながら気持ちよくおくれるようサポートします。もっとも身近に患者の体と心をささえるお仕事です。

看護師になるためには？

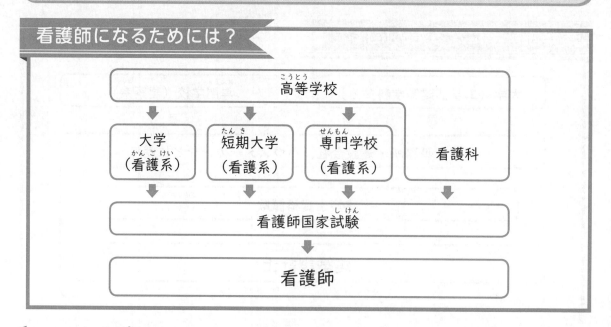

高等学校

→ 大学（看護系）
→ 短期大学（看護系）
→ 専門学校（看護系）
→ 看護科

→ 看護師国家試験

→ 看護師

▷ワンステップ

あなたがであったことのある看護師で、心にのこっている人はいますか。そのときどんなことをしてもらい、どんなことを話したのか、思い出してみましょう。

4

④ 教師（小学校教員）

- 給料（年平均）：739.7万円（2022年）
- 働く場所：小学校など
- 就業者数：421,160人（2020年）

お仕事内容

　小学校教員は小学校で子どもたちに国語、算数、英語、生活、音楽、図工、体育などを教えるお仕事です。

　どのように学習をすすめていくか１年間の計画をたて、それをもとに１時間ごとの授業を考えます。そして黒板に書く内容を決め、プリントなどを用意します。

　ほかにも、クラスの活動や学校の行事をすすめたり、ふだんの生活で身につけてほしいマナーを教えたりします。また子どもたちの健康状態や、いじめや不登校の防止にも心をくばっています。

　小学生という、子どもたちの心と体がもっとも大きく成長する大切な時期をともにし、ひとりひとりのすこやかでゆたかな育ちをみまもるお仕事です。

教員になるためには？

大学院	大学	短期大学

小学校教諭免許状

↓

教員採用試験

↓

小学校教員

ワンステップ

　あなたの小学校には、ほかにどんな先生がいますか。またどんなことをしていますか。先生のお仕事を、よく観察してみましょう。

⑤ イラストレーター

- **給料（年平均）**：466.7万円（2022年）
- **働く場所**：広告会社や出版会社など
- **就業者数**：47,320人（2020年）

お仕事内容

　イラストレーターは、お客さんの希望に合わせてイラストをかくお仕事です。

　イラストをかくときは、紙と筆記用具、色えんぴつ、ペン、絵の具など、さまざまな道具を使います。お客さんの希望に合わせ、人やキャラクター、風景、動物や植物、自動車など、自分が得意なイラストをかきます。最近では、パソコンやタブレットを使ってデジタルイラストをかくこともあります。

　イラストレーターは個性をもとめられますが、イラストが広告やポスターなどに使われることもあるので、ときには多くの人に好まれるイラストであることも大切です。

　自分らしさをいかすことで、日々のくらしに彩りをそえることができるお仕事です。

イラストレーターになるためには？

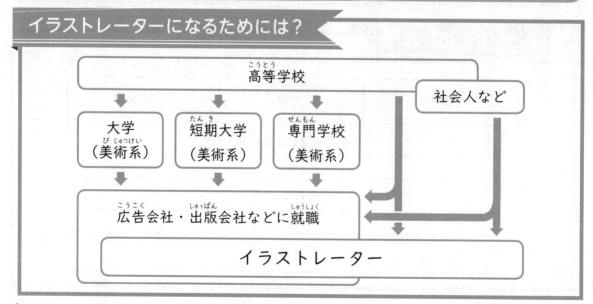

ワンステップ

　あなたが好きなキャラクターは、どんな人がかいているのでしょうか。キャラクターをつくっている会社をしらべてみましょう。

⑥ パティシエ

- 給料(年平均)：344.8万円(2022年)
- 働く場所：洋菓子店やレストランなど
- 就業者数：1,227,480人(2020年)

お仕事内容

　パティシエは洋菓子店やレストランなどで、洋菓子をつくるお仕事です。

　パティシエがつくる洋菓子は、焼いたスポンジを生クリームなどでかざるケーキのような生菓子、なまのフルーツと焼いた生地を組み合わせるタルトのような半生菓子、クッキーのような焼き菓子、チョコレート、アイスクリームなど、さまざまです。つくる洋菓子に合わせて材料を用意し、ミキサーやオーブンなどの機械を使ってつくります。しかし、さいごのかざりつけは機械ではできないので、手作業でしあげるため、パティシエには技術とセンスがもとめられます。

　ものづくりのアイデアとセンスをいかしてお菓子をつくれるお仕事です。

パティシエになるためには？

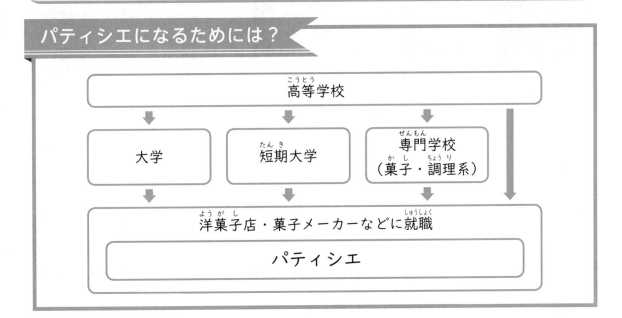

ワンステップ

　あなたのまちにケーキ屋さんはありますか。あなたならどんなケーキ屋さんにしたいか、またどんなお菓子をつくってみたいか、絵にかいてみましょう。

⑦ お仕事調査①

やってみよう！ 🖉

● 自分のつきたいお仕事や、気になるお仕事について調べてみよう。

お仕事のイラストをかいてみよう

給料(平均)：

働く場所：

就業者数：

このお仕事でランキングを作ってみよう！

ランキングのタイトル：

第1位	
第2位	
第3位	

お仕事内容

左にはたらいているイラストをかいて、何の仕事をしているのかせつめいしよう。

○○になるためには？

そのお仕事につくまでの流れを調べて書いてみよう。

このお仕事のおもしろそうなところを書いてみよう。

この仕事はどんな人に向いているか考えてみよう。

⑧ お仕事調査②

● 自分のつきたいお仕事や、気になるお仕事について調べてみよう。

お仕事のイラストをかいてみよう

給料(平均)：
──────────────
働く場所：
──────────────
就業者数：
──────────────

このお仕事でランキングを作ってみよう！

ランキングのタイトル：_____

第1位

第2位

第3位

お仕事内容

左にはたらいているイラストをかいて、何の仕事をしているのかせつめいしよう。

10

○○になるためには？

そのお仕事につくまでの流れを調べて書いてみよう。

このお仕事のおもしろそうなところを書いてみよう。

この仕事はどんな人に向いているか考えてみよう。

やってみよう！

● 自分のつきたいお仕事や、気になるお仕事について調べてみよう。

お仕事のイラストをかいてみよう

● 給料（平均）：

● 働く場所：

● 就業者数：

このお仕事でランキングを作ってみよう！

ランキングのタイトル：

第1位

第2位

第3位

お仕事内容

左にはたらいているイラストをかいて、何の仕事をしているのかせつめいしよう。

○○になるためには？

そのお仕事につくまでの流れを調べて書いてみよう。

このお仕事のおもしろそうなところを書いてみよう。

この仕事はどんな人に向いているか考えてみよう。

やってみよう！
● 自分のつきたいお仕事や、気になるお仕事について調べてみよう。

お仕事のイラストをかいてみよう

給料(平均)：
働く場所：
就業者数：

このお仕事でランキングを作ってみよう！

ランキングのタイトル：

第1位
第2位
第3位

お仕事内容

左にはたらいているイラストをかいて、何の仕事をしているのかせつめいしよう。

○○になるためには？

そのお仕事につくまでの流れを調べて書いてみよう。

このお仕事のおもしろそうなところを書いてみよう。

この仕事はどんな人に向いているか考えてみよう。

おもな参考文献

- 職業情報提供サイト（日本版O-NET）.jobtag.
  (https://shigoto.mhlw.go.jp/User).

- 画像提供
  PIXTA／イラストセンター